初学者

100 种美味的熏制食谱

珍妮特·爱德华兹

免责声明

本电子书中包含的信息旨在作为本电子书作者研究过的策略的综合集合。摘要、策略、提示和技巧仅由作者推荐，阅读这本电子书并不能保证您的结果将完全反映作者的结果。电子书的作者已尽一切合理努力为电子书的读者提供最新和准确的信息。对于可能发现的任何无意的错误或遗漏，作者及其相关方不承担任何责任。电子书中的材料可能包括来自第三方的信息。第三方材料包含其所有者表达的意见。因此，电子书的作者不对任何第三方材料或意见承担任何责任或义务。

目录

介绍

如今，人们对烧烤的兴趣空前高涨，当地比赛如雨后春笋般涌现，慢火熏制的肉类从难以找到的偏远树林棚屋进入修剪整齐的郊区社区。人们喜欢烧烤，并通过学习如何做来表达这种爱。如果您决定学习这门手艺，或者即使您一天煮过几次屁股，您可能已经浏览过数以百万计的博客、论坛、书籍和杂志，这些可供那些想要进行食肉炼金术的人使用，你可能已经被这一切淹没了。我知道我也是。

如今，烧烤这个词是户外烧烤的同义词，但长期以来，它们被认为是截然不同的。烧烤和烤肉的历史以及它们之间的联系有时令人困惑，但历史学家一致同意的一件事是，烤肉源自美洲原住民词 “barbacoa"，这个词指的是一个凸起的木架，用于，除其他外，用小火长时间烹饪肉类和其他食物。如今，越来越多的人使用燃气或电烤架来调节火候以进行快速烧烤或慢速烧烤。对木烤架的需求仍然很高

所有这些不同的方法都可以创造不同的品尝体验，为晚餐时间增添更多不同的元素。一种常见的烹饪方式是使用烤架，更具体地说是用于烧烤。以下是这种烹饪方式如何流行起来的。多年来，人们烹饪食物的方式发生了许多变化，尤其是人们烧烤肉类的方式。烧烤已经从低效和凌乱变成了当今世界流行和放松的烹饪方法。最初所有的烧烤和烧烤都是以原木作为唯一的燃料来源。燃烧产生的能量将肉煮熟，木头冒出的烟和滴落的汁液散发出一种独特的诱人香味，这是烧烤的精髓。但是用原木做饭很难控制能量和味道，所以今天，

1. 切达烤饼

产量：8 份

成分

- 4 杯混合饼干
- $1\frac{1}{4}$ 杯牛奶
- 2 个蛋
- $\frac{1}{4}$ 杯黄油；融化了
- 2.5 杯切碎的切达干酪
- 烟熏火鸡；薄的切片

1. 混合饼干粉、牛奶、鸡蛋、黄油和奶酪；充分混合，直到成分被弄湿。
2. 一勺一勺地放在抹了少许油脂的烤盘上。将烤箱加热至 400°F；烘烤 12 至 14 分钟或直至呈金黄色。从烤箱中取出并稍微冷却，然后从烤盘中取出。
3. 服侍时，将烤饼切成两半，然后放入一小片火鸡。

2. 鸡茶三明治

产量：12 份

成分

- 3 杯鸡汤；或水
- 2 整只去骨鸡胸肉；有皮
- 1 杯蛋黄酱
- ⅓ 杯葱末
- 1 茶匙切碎的新鲜龙蒿
- 24 片自制白面包；切得很薄
- ½ 杯切碎的烟熏杏仁

1. 在深煎锅中将肉汤或水煮沸，然后在一层中加入鸡胸肉。减少热量，用文火煮鸡肉，转动一次，7 分钟。
2. 在一个碗中，将鸡肉、½ 杯蛋黄酱、葱、龙蒿、盐和胡椒粉搅拌均匀。
3. 用鸡肉沙拉和面包制作 12 个三明治，轻轻压在一起。
4. 用 2" 圆刀从每个三明治上切下 2 轮。
5. 将杏仁放在一个小盘子里，用剩余的 ½ 摄氏度蛋黄酱涂抹杏仁的边缘。在杏仁中滚动边缘。

3. 韭菜土豆煎饼

产量：6 份

成分

- 2 磅黄褐色土豆；去皮切块
- 1 个中等大小的洋葱；切成块
- 2 汤匙无酵饼餐；或通用面粉
- 2 个蛋; 分离
- 4 汤匙新鲜细香葱；切碎的
- 2 茶匙盐
- ½ 茶匙 白胡椒
- ⅔ 杯玉米油；用于油炸
- 6 盎司熏鲑鱼；薄的切片
- 3 盎司黄金鱼子酱

1. 在食品加工机中切碎土豆和洋葱。将工作碗中的内容物转移到一个大碗中。
2. 将大过滤器放在中碗上。将马铃薯和洋葱的混合物放入过滤器中并用力按压以提取液体；储备液体。
3. 将土豆混合物放回大碗中。混合无酵饼粉、蛋黄、细香葱、盐和胡椒粉。将糊状物加入土豆面糊中。将蛋清打至变硬但不干；折叠成面糊。
4. 在 2 个重型大煎锅中，用中高温加热 ⅓ 杯油。将每个薄煎饼的 1 汤匙土豆面糊倒入热油中；将每个传播到 3" 直径。煮薄煎饼直到底部变成棕色

4. 鳄梨酿熏鱼

产量：4 份

成分

- 4 个煮熟的鸡蛋
- ¼ 杯牛奶
- ¼ 杯滤过的新鲜酸橙汁
- ¼ 茶匙糖
- ½ 茶匙 盐
- ⅓ 杯植物油
- 2 汤匙橄榄油
- ½ 磅烟熏白鱼
- 2 个大的成熟鳄梨
- 12 条新鲜红甜椒

1. 在一个深碗中，用勺子或餐叉将蛋黄和牛奶捣碎，直至形成光滑的糊状物。加入 1 汤匙酸橙汁、糖和盐。
2. 然后加入植物油，一次一茶匙左右；在添加更多之前确保每次添加都被吸收。一茶匙加入橄榄油，不断搅拌。将剩余的酸橙汁搅拌到酱汁中调味。
3. 将鱼放入碗中，用叉子将其切成薄片。加入切碎的蛋清和酱汁，轻轻但彻底地搅拌在一起。
4. 用勺子把鱼混合物倒入鳄梨的两半中

5. 培根和熏牡蛎

产量：15 份

成分

- 2 罐烟熏生蚝
- ¼ 杯轻质植物油
- ½ 磅培根条
- 40 支圆形木牙签
- 3 汤匙大蒜，切碎

1. 将培根条切成三分之一。
2. 在每只牡蛎周围裹上一片培根片，并用牙签穿过以将其固定到位。
3. 在中型煎锅中，加热油，加入大蒜。
4. 将包好的牡蛎放入油中煎至培根变脆。
5. 从锅中取出并用纸巾吸干水分。

6. 烟熏三文鱼烤鸡蛋

产量：2 份

成分

- 2 汤匙黄油
- 3 汤匙软面包屑
- 2 个蛋
- 1 瓣大蒜；剁碎
- 2 盎司 奶油芝士
- 2 盎司熏鲑鱼；切片
- 2 盎司夏普切达干酪；磨碎的
- 1 个番茄；厚片

1. 黄油砂锅。在每个面包的底部和侧面压上 2 到 3 茶匙面包屑。将剩余的面包屑与 1 吨黄油混合，备用。在每个盘子里打一个鸡蛋。用奶油芝士捣碎大蒜，轻轻放在鸡蛋上。加入熏鲑鱼，根据需要折叠长条。
2. 在鲑鱼上撒上磨碎的切达干酪。放 1 片肥番茄。在每道菜上撒上一半的面包屑，然后在 350 烤箱中烘烤 8 至 15 分钟（取决于您享用鸡蛋的方式），然后烘烤 2 至 3 分钟，直到顶部变成褐色并略微变脆。马上上桌。

7. 烟熏三文鱼薯片

产量：50 份

成分

- 2 个黄褐色土豆
- 橄榄油
- 14 盎司 熏鲑鱼 -- 切片
- 6 盎司酸奶奶酪
- 1 茶匙精细磨碎的柠檬皮
- 2 汤匙切碎的细香葱
- 2 汤匙切碎的新鲜莳萝
- 盐和现磨：黑胡椒
- 莳萝小枝和细香葱用于：装饰

1. 将烤箱预热至 375 度。用羊皮纸将 2 大烤盘排成一行。使用曼陀林或其他手动切片机，将土豆切成 ⅛ 英寸的薄片。将切片放在衬有羊皮纸的平底锅上，刷上油。在土豆上撒上盐和胡椒粉。在烤箱中间烤土豆至金黄色，15 ~ 20 分钟，然后用抹刀立即将切片转移到架子上完全冷却。修剪鲑鱼并切成大约 1 x 3 英寸的薄片或 50 块不规则形状的块。

2. 将酸奶奶酪与柠檬皮、细香葱和莳萝混合。在每个薯片上放上 1 茶匙酸奶奶酪和 1 片烟熏三文鱼。用莳萝装饰，用整个细香葱装饰盘子。

8. 荷包蛋和烟熏三文鱼

产量：4 份

成分

- ½ 杯酸奶油
- 3 汤匙切碎的细香葱
- 2 汤匙白葡萄酒
- 盐; 去尝尝
- 现磨黑胡椒; 去尝尝
- 4 个大鸡蛋
- 4 个刚出炉的大土豆
- 4 盎司熏鲑鱼；切丝
- 1 条切碎的细香葱
- 1 份切碎的红洋葱鱼子酱

1. 在一个小碗里混合酸奶油、细香葱和白葡萄酒；用盐和胡椒调味搁置。在浅平底锅或平底锅中，用中火将 2 英寸冷水和醋煮沸。减少热量，直到水慢慢沸腾。将鸡蛋打碎，一次一个，打入小模子或咖啡杯中。将拉面尽可能靠近水，轻轻地将鸡蛋滑入水中。煮鸡蛋 3 分钟非常软熟，5 分钟中软。

2. 用有槽的勺子，舀出鸡蛋。如有必要，用纸巾轻轻拍干。切开烤土豆的顶部并挤压。在上面放上鸡蛋和纵横交错的鲑鱼条。使用挤压瓶或茶匙，将酸奶油酱淋在鲑鱼和土豆周围。

3. 用细香葱、洋葱和鱼子酱装饰，立即上桌。

9. 皮蛋黄

成分

- 1.5 杯糖
- 1.5 杯粗盐
- 8 个鸡蛋

1. 将 1 杯糖和 1 杯盐混合在一个 8 英寸见方的平底锅或容器的底部，容器的大小足以容纳八个蛋黄而不接触。
2. 用汤匙的背面在盐和糖腌制中形成八个均匀分布的凹痕。不要挖得太深；你想让蛋黄底部的每一部分都接触到糖和盐。
3. 在一个单独的盘子里，分开一个鸡蛋。小心地将蛋黄转移到其中一个凹口中，并保留蛋清以备下次使用。对其余的鸡蛋进行仿照一次一个。如果你不小心打碎了蛋黄也没关系，但最好保持它们完好无损。
4. 将剩余的 $\frac{1}{2}$ 杯糖和 $\frac{1}{2}$ 杯盐轻轻倒在蛋黄上，形成小土堆。确保蛋黄被完全覆盖。
5. 用紧密的盖子或保鲜膜盖住盘子或容器。小心地把它移到冰箱里让蛋黄固化 4 天。
6. 将烤架放在烤盘上。将蛋黄放在架子上，然后将平底锅滑入烤箱让它们干燥并完成固化 35 分钟。你的蛋黄现在可以使用了。

10. 咸蛋

成分

- 6 个鸡蛋
- $\frac{3}{4}$ 杯粗盐 3 杯水

1. 将一个 3 夸脱（或更大）的带盖容器放在一个稳定的表面上，放在阴凉、偏僻的地方，避免阳光直射。小心地将整个鸡蛋放入容器中，小心不要在放置时弄碎它们。

2. 将盐和水混合在一个水罐中，搅拌直至盐水呈浑浊状。轻轻地将盐水倒在鸡蛋上，使其完全覆盖。

3. 让鸡蛋在盐水中放置至少 5 周。12 周后，它们会变得太咸而无法享用。鸡蛋不会有任何视觉变化。

4. 要煮鸡蛋，请在炉子上放一个小平底锅。轻轻地从盐水中取出鸡蛋，小心地将它们放在锅底

将一罐淡水倒在鸡蛋上，以完全覆盖它们。盖上锅盖，用大火煮至水迅速沸腾。关掉暖气，盖上锅盖，并设置定时器 6 分钟。

时间到了，立即沥干鸡蛋，然后将它们放在冷水下，直到冷却到可以处理为止。立即使用，或冷藏最多 1 周。

5. 上桌时，轻轻滚动一个鸡蛋，使蛋壳全部破裂。剥鸡蛋。白色会凝固但柔软，蛋黄会非常坚硬和明亮。吃整个鸡蛋，将它们纵向分成两半，或切碎。

11.少许烟熏酱油鸡蛋

成分

- 6 个鸡蛋
- $1\frac{1}{2}$ 杯水
- 1 杯酱油
- 2 汤匙米醋
- 2 汤匙糖
- 4 茶匙正山小种茶，装在茶包或茶球中，方便取出

1. 小心地将鸡蛋单层放入一个中等大小的平底锅中，并盖上 2 英寸深的水。盖上锅盖，用大火煮至水迅速沸腾。关掉暖气，盖上锅盖，并设置定时器 6 分钟。时间到了，立即沥干鸡蛋，然后将它们放在冷水下，直到冷却到可以处理为止。

2. 将平底锅放回炉子上，加入水、酱油、醋、糖和茶。将此盐水煮沸，搅拌以溶解糖。关掉暖气并盖上盐水以保持温暖。

3. 同时，将蛋壳敲开以获得大理石花纹的蛋，或将蛋完全去皮以获得光滑的外观和更多的酱油味。要打碎蛋壳，请将蛋壳的顶部和底部轻轻敲击台面，然后沿其侧面滚动。如果您要完全剥鸡蛋，为获得最佳效果，请从大而圆的顶部开始剥鸡蛋，您会注意到蛋壳下方有一小块空间。

4. 将破裂或去皮的鸡蛋放入 1.5 夸脱的罐装罐中。倒掉茶，把盐水倒在鸡蛋上，让它们完全淹没。如果鸡蛋浮起来，用一个装满水的小自封袋将它们压下。

5. 盖上鸡蛋并冷藏至少 6 小时，让它们呈现出卤水的味道。

12. 咖喱腌蛋

成分

- 6 个鸡蛋
- 2 汤匙孜然种子
- 2 茶匙香菜粉
- $1\frac{1}{2}$ 杯水
- 1 杯苹果醋
- 3 瓣大蒜，捣碎并去皮
- 3 薄片鲜姜
- 2 茶匙姜黄粉
- 2 茶匙黑胡椒粒
- 2 茶匙粗盐

1. 小心地将鸡蛋单层放入中等大小的平底锅中，并盖上 2 英寸深的水。盖上锅盖，用大火煮至水迅速沸腾。关掉暖气，盖上锅盖并设置定时器 6 分钟。
2. 加入孜然和香菜，用中火烤面包，经常搅拌，直到它们散发出香味，大约需要 2.5 分钟。立即加入 1.5 杯水停止烹饪，然后加入醋、大蒜、生姜、姜黄、胡椒粒和盐。将热量调高并煮沸盐水。
3. 同时，通过轻轻敲击台面的顶部和底部来敲碎蛋壳，然后沿其侧面滚动。
4. 将去皮的鸡蛋放入 1.5 夸脱的罐头罐中。将盐水（包括其固体）倒在鸡蛋上，将它们浸入盐水中。
5. 盖上鸡蛋并冷藏至少 4 天，让它们呈现盐水的味道。

13. 甜菜腌鸡蛋

●

成分

- 6 个鸡蛋
- 1 个非常小的红甜菜，去皮并切成四等份
- 1 瓣大蒜，捣碎并去皮
- 2 茶匙糖
- 2 茶匙粗盐
- 1 茶匙黑胡椒粒
- ½ 茶匙芹菜籽
- ½ 茶匙莳萝籽
- ¼ 茶匙红辣椒片（可选）
- 2 整个丁香
- 1 片小月桂叶
- 1½ 杯水
- ¾ 杯苹果醋

1. 小心地将鸡蛋单层放入中等大小的平底锅中，并盖上 2 英寸深的水。盖上锅盖，用大火煮至水迅速沸腾。关掉暖气，盖上锅盖并设置定时器 6 分钟。

2. 将甜菜、大蒜、糖、盐、花椒、芹菜种子、莳萝种子、胡椒片、丁香、月桂叶、水和醋放入平底锅中，用高温混合。将此盐水煮沸，搅拌以溶解糖和盐。

3. 同时，通过轻轻敲击工作台面的顶部和底部来敲碎蛋壳，然后沿其侧面滚动。

4. 将去皮的鸡蛋放入 1.5 夸脱的罐头罐中。将温盐水倒在鸡蛋上

14. 烟熏火鸡玉米松饼

产量：36 份

成分

- 1.5 杯黄色玉米面
- 1 杯面粉，过筛多用途
- ⅓ 杯糖
- 1 汤匙泡打粉
- 1 茶匙盐
- 1½ 杯牛奶
- ¾ 杯黄油，融化，冷却
- 2 个鸡蛋，稍微打散
- ½ 磅烟熏火鸡胸肉，切成薄片
- ½ 杯蔓越莓酱或蜂蜜芥末酱

1. 预热烤箱至 400 度。黄油松饼罐头。将玉米粉、面粉、糖、泡打粉和盐放入大碗中混合。在中型碗中将牛奶、黄油和鸡蛋混合在一起。将牛奶混合物搅拌到玉米面混合物中，直到刚刚弄湿。用勺子将面糊倒入松饼罐中。烘烤至金黄色，14-16 分钟。在金属架上冷却五分钟。从平底锅中取出并完全冷却。
2. 上桌时，将少量熏火鸡放在涂有蔓越莓调味料或蜂蜜芥末的切片松饼上。

15. 烟熏三文鱼配土豆煎饼

产量：2 份

成分

- 150 克土豆泥
- 15 毫升 白面粉
- 30 毫升牛奶
- 2 个鸡蛋，殴打
- 盐和现磨黑胡椒
- 1 个沙拉洋葱；切碎
- 100 克烟熏三文鱼
- 1 汤匙橄榄油
- 225 克轻度烟熏三文鱼片
- 2 个鸡蛋，水煮

1. 将土豆、面粉、牛奶、鸡蛋和调味料混合，制成光滑的面糊。
2. 加入洋葱和鲑鱼。
3. 加热煎锅，加入少许油，倒入一大勺混合物。混合物应制成约 6-8 个煎饼，每个煎饼直径为 8 厘米（3 英寸）。用中火将每一面煎 1-2 分钟或直至呈金黄色。放在一边并保持温暖。在煎锅中加热橄榄油，加入轻熏三文鱼片，每面煎 1 分钟。

16. 烟熏夏季西瓜串

5 人份

成分

- 1 个小无籽西瓜
- 香醋
- 木串
- 小无籽西瓜切片

将西瓜切成 1 英寸的方块。将方块放入容器中，在西瓜方块上淋上醋。

将电熏器预热至 225°F (107°C)。开始预热前，将木屑和水加入电熏器中。

将立方体放在烤串上。

把烤串放在电烟架上烤 50 分钟。厨师。

取出串杆。服务！

17. 烟熏奶酪番茄酱

4 人份

成分

- 8 盎司（227 克）烟熏马苏里拉奶酪，切丝
- 227 克（8 盎司）科尔比奶酪，切丝
- 1 杯帕玛森芝士，磨碎
- 1 杯酸奶油
- 1 杯晒干的西红柿
- 1 又 ½ 茶匙盐
- 1 茶匙新鲜胡椒粉
- 1 茶匙干罗勒
- 1 茶匙干牛至
- 1 茶匙红辣椒片
- 1 瓣大蒜，切碎
- 1 茶匙洋葱粉法式吐司，服务

使用您喜欢的木材将您的电子烟熏器预热至 275 华氏度（135°C）

取一个大碗，加入奶酪、西红柿、胡椒粉、盐、罗勒、牛至、红辣椒片、大蒜、洋葱粉，搅拌均匀

将混合物转移到一个小金属锅中，然后转移到电熏器中。吸烟 1 小时。与烤法式面包一起享用！

18. 烟熏蛋黄酱土豆沙拉

4 人份

成分

- 907 克（2 磅）土豆
- 2 汤匙橄榄油
- 2 杯蛋黄酱
- 1 汤匙白葡萄酒醋
- 1 汤匙干芥末
- $\frac{1}{2}$ 个洋葱，切碎
- 2 根芹菜茎，切碎
- 盐和胡椒粉调味

在土豆上涂上油。

在 180 华氏度的木屑烤架中将土豆熏 20 分钟。

将温度升高到 450 华氏度（232°C），再煮 20 分钟。转移到碗中冷却。

土豆去皮。切成方块。

冷藏 30 分钟。搅拌其余的成分。

19. 麻辣香菇

6 人份

4 杯香菇

1 汤匙菜籽油

1 茶匙洋葱粉

1 茶匙蒜粒

1 茶匙盐

1 茶匙胡椒粉

将所有成分混合在一起

将混合物大量涂抹在蘑菇上。

在 180°F (82°C) 下预热电熏器。在侧托盘中加入木屑和半碗水。

将其放入电熏器中吸烟 45 分钟。趁热享用。

20. 柑橘烟熏鹰嘴豆泥

6 人份

1.5 杯鹰嘴豆，冲洗并沥干

¼ 杯芝麻酱

1 汤匙大蒜，切碎

2 汤匙特级初榨橄榄油

1 茶匙盐

4 汤匙柠檬汁

将烤架加热至 350°F (177°C)。烹饪时使用所需的木屑颗粒。盖上盖子并预热 15 分钟。

将鹰嘴豆铺在纸盘上，然后放在烤架上。吸烟 20 分钟。

让鹰嘴豆在室温下冷却。

将烟熏鹰嘴豆放入搅拌机或食品加工机中。加入其余的配料。脉冲直到平滑。

如果需要，可与烤蔬菜一起食用。

21.烟熏蛋黄酱培根蛋

6 人份

6 个大鸡蛋

1 片培根

$\frac{1}{4}$ 杯蛋黄酱

1 茶匙第戎芥末

1 茶匙苹果醋

1 茶匙辣椒粉少许犹太洁食盐

1 汤匙细香葱，切碎

将颗粒烤架预热至 180°F (82°C) 并打开烟雾设置（如果适用）。

将一锅水烧开。加入鸡蛋和煮鸡蛋约 12 分钟。

从锅中取出鸡蛋并将它们放入冰水浴中。鸡蛋完全冷却后，将它们去皮并纵向切成两半。

将切好的鸡蛋放在烤架上，蛋黄的一面朝上。烟熏 30 到 45 分钟，具体取决于您想要多少烟熏味。

鸡蛋冒烟时，将培根煮至酥脆。

从烤架上取下鸡蛋，放在盘子上冷却。

取出蛋黄并将它们全部放入一个小碗中。将蛋清放在盘子上。

用叉子捣碎蛋黄，加入蛋黄酱、芥末酱、苹果醋、辣椒粉和盐。搅拌直至合并。

将一勺蛋黄混合物舀回每个蛋清中。

撒上辣椒粉、细香葱和香脆培根片作为装饰。服务和享受！

22. 自制烟熏奶酪

4 人份

1（2 磅/907 克）块中型切达干酪，或你最喜欢的奶酪，纵向四分之一

为您的电子吸烟器提供木屑颗粒，并按照制造商的特定启动程序进行操作。盖上盖子，将烤架预热至 90°F (32°C)。

将奶酪直接放在烤架上并熏制 2 小时 30 分钟，经常检查以确保它没有融化。如果奶酪开始融化，试着翻转它。如果这没有帮助，请将其从烤架上取下并冷藏约 1 小时，然后将其放回冷电熏器中。

取出奶酪，将其放入带拉链的袋子中，冷藏过夜。

将奶酪切片并与饼干一起食用，或将其磨碎并用于制作烟熏通心粉和奶酪。

23. 烟熏手工培根和蟹肉

服务 6 到 8

- 12 个大的墨西哥辣椒
- 8 盎司（227 克）奶油芝士，室温
- 精细磨碎的 1 个柠檬皮
- 1 茶匙老海湾调味料，或品尝
- 8 盎司（227 克）蟹肉，沥干、挑选并切碎或切碎
- 甜或烟熏辣椒粉，洒
- 12 条手工培根，横切成两半

按照制造商的说明设置您的电子吸烟器并预热至 350°F (177°C)。（是的，我知道这比传统的低速和慢速方法更热——它能让你的培根更脆。）按照制造商的规定添加木材。

将每个墨西哥胡椒纵向切成两半，切开茎并将其留在原位。

刮掉种子和叶脉；葡萄柚勺或甜瓜球很适合这个。将墨西哥胡椒的两半放在金属丝架上，切面朝上。

将奶油芝士放入搅拌碗中。加入柠檬皮屑和老海湾调味料，用木勺搅拌至清淡。轻轻地折叠在螃蟹里。

用勺子将一大汤匙蟹肉混合物倒入每个墨西哥辣椒的一半中，将其向中心堆起。撒上辣椒粉。

用一条培根包裹每个墨西哥胡椒的一半（你想要在每一端露出填充物）。

用牙签固定培根，并将波普尔单层放在金属架上。

将烤架放入电熏器中。烟熏 poppers，直到培根和馅料变成褐色并且辣椒变软（用拇指和食指挤压它们），持续 30 到 40 分钟。

将爆米花转移到盘子里。上菜前稍微冷却一下。

24. 熏蜜面包

做 1 个面包

- 2 杯未漂白的通用白面粉或根据需要
- 1 杯全麦面粉或 1 杯白面粉
- 1 茶匙粗盐（海盐或犹太洁食盐），加上额外的洒水用
- 1$\frac{1}{4}$ 杯水，根据需要加水
- 1 个信封（2.5 茶匙）干酵母
- 2 汤匙蜂蜜
- 1 汤匙特级初榨橄榄油，加上用于碗、面包盘和面包顶部的油

按照制造商的说明设置您的电子吸烟器，并尽可能低地预热它（200°F（93°C）或更低）。

将面粉和盐铺在铝箔盘或有边烤盘上的薄层（不超过 $\frac{1}{4}$ 英寸厚）中。将水放入另一个铝箔锅中。

将平底锅放入电熏器中，熏至白面粉表面微微焦黄，有烟熏味，水也有烟熏味。热熏的总吸烟时间为 15 至 20 分钟，冷熏的总吸烟时间为 1 至 1.5 小时。

让面粉冷却至室温。水应该只冷却到 105°F (41°C)。

将烟熏面粉、烟熏盐和酵母放入食品加工机中进行混合。

加入蜂蜜、橄榄油和熏过的温水。短时间加工以获得柔软、柔韧的面团。如果面团太硬，再加一点温水；如果太软，再加一点面粉。或者，您可以用手或在装有面团钩的立式搅拌机中混合和揉面团。

把面团放在撒了少许面粉的砧板上，用手揉成一个光滑的球。

把面团放在一个抹了少许油的大碗里，把它两面都涂上油。盖上保鲜膜，让面团在温暖的地方发酵 1 到 1.5 小时，直到体积翻倍。

把面团打下来，揉成长方形，然后放在涂了油的面包盘里。盖上保鲜膜。让面团再次发酵，直到体积翻倍，30 分钟到 1 小时。

同时，设置用于间接烧烤的烤架并预热至 400°F (204°C) 或将烤箱预热至 400°F (204°C)。如果您的电子烟熏炉温度高达 400°F (204°C)，您可以在其中烘烤面包。不需要添加木头——你已经把面粉熏过了。

在面包的顶部刷上一点橄榄油，并撒上少许盐。

烘烤面包，直到顶部变成褐色并变硬，敲击时底部听起来是空心的，30 到 40 分钟。将面包盘转移到金属丝架上，冷却 10 分钟。

将面包从锅中取出，再冷却 10 分钟，横向切片，趁热食用。与烟熏黄油和烟熏蜂蜜一起食用。

25. 烟熏蜂蜜脆培根

8 人份

馅料：

- 2 条手工培根，
- 3 磅（1.4 千克）酥脆甜美的苹果，如 Honeycrisps 或 Galas $^{1}/_{3}$ 杯装淡红糖或深红糖，或品尝
- 1.5 汤匙通用面粉
- 1 茶匙精细磨碎的柠檬皮
- 1 茶匙肉桂粉
- 盐少许
- 3 汤匙波旁威士忌

打顶：

- 8 汤匙（1 根）无盐黄油，切成 ½ 英寸块，放入冰箱直至冰冷
- 1 杯碎姜饼或格兰诺拉麦片
- 1 杯通用面粉
- 1 杯砂糖
- 1 杯浅红糖或深红糖
- 盐少许
- 普通香草冰淇淋，供食用（可选）

将烤架设置为间接烧烤并预热至 400°F (204°C)。

在 10 英寸铸铁平底锅中用中火煎培根，用漏勺搅拌，直至变脆并呈金黄色，4 分钟。把培根转移到一个大碗里。

倒掉并保留培根脂肪以备不时之需。不要擦拭或清洗煎锅。

将苹果去皮去核，切成 1 英寸的小块。将它们添加到培根中。加入糖、面粉、柠檬皮屑、肉桂和盐。加入波旁威士忌。

品尝混合物的甜味，根据需要添加糖。将馅料舀入煎锅中。

将黄油、饼干屑、面粉、白糖和红糖以及盐放入食品加工机中。

研磨成粗混合物，在短时间内运行处理器。不要过度处理；混合物应该像沙子一样松散易碎。将配料撒在苹果上。

将薯片放在烤架或电烟熏架上远离热源。将木头加入煤中并盖上烤架。

用烟熏烤薯片，直到顶部变成褐色并冒泡，苹果变软（应该很容易用叉子刺穿），馅料变厚，45 分钟到 1 小时。

从烤架或电熏器上取下酥脆的热食。在上面加上烟熏冰淇淋可以加分。

26. 芝士馄饨配烟熏酱

产量：4 份

成分

- 4 种介质 西红柿；切成两半
- $\frac{1}{4}$ 小洋葱
- 1 杯梅洛
- 2 茶匙橄榄油
- 1 茶匙液体烟熏调味料
- 1 瓣大蒜；切碎的
- 牛至; 去尝尝
- 罗勒; 去尝尝
- 盐和白胡椒；去尝尝
- 1 磅新鲜或冷冻奶酪馄饨
- 磨碎的帕玛森芝士

1. 将西红柿和洋葱与足够的水混合在平底锅中。煮滚。煮沸 5 分钟；流走。在搅拌机容器中混合西红柿、洋葱、梅洛、橄榄油、烟熏液、大蒜、牛至和罗勒。低速加工 10 秒或直至粗切。倒入平底锅。
2. 炖 30 分钟，偶尔搅拌。用盐和白胡椒调味。
3. 按照包装说明烹制馄饨；流走。转移到服务拼盘或意大利面碗。在上面放上番茄混合物；撒上帕玛森芝士。

27. 烟熏三文鱼原木

产量：1 份

成分

- 16 盎司 红鲑鱼
- 8 盎司 奶油芝士
- 1 汤匙切碎的洋葱
- $\frac{1}{8}$ 茶匙烟熏液
- 2 瓣大蒜；剁碎
- $\frac{1}{2}$ 杯杏仁片
- 3 汤匙欧芹

1. 在碗中混合鲑鱼、奶酪、洋葱、烟熏液和大蒜。塑造成圆木。
2. 混合杏仁片和欧芹。
3. 滚入混合物中，然后用保鲜膜包裹并冷藏至少 1 小时。

28. 猪皮

- 2 磅猪皮
- 大约 $\frac{1}{4}$ 杯粗盐
- 5 杯植物油
- 2 汤匙糖
- $\frac{1}{2}$ 茶匙辣椒粉

1. 用一把锋利的刀，尽可能多地切掉猪皮下面的脂肪。在皮肤的两面撒上盐，然后将皮肤放在准备好的烤盘上，脂肪面朝下。煮 7 到 8 小时

2. 一旦皮肤冷却到可以处理，用你的手或厨房剪刀将皮肤切成 2 英寸的碎片。

3. 用中高温在装有糖果或油炸温度计的锅中加热油，直至达到 360°F (182°C)，持续 5 至 8 分钟。在你等待的时候，在一张大烤盘上铺上干净的纸袋、纸巾或报纸以沥干水分，并准备好一些长钳子。

4. 一次分批处理大约 5 个外皮（它们会膨胀到比现在的尺寸大得多），小心地将外皮加入油中并旋转它们直到它们剧烈膨胀，大约 30 秒。将它们从油中取出，让它们在准备好的烤盘上单层沥干。

5. 尝尝猪皮的味道，如果需要的话可以加盐调味。如果用糖和辣椒调味，把猪皮放在一个大纸袋里。加入糖和辣椒，摇晃袋子，使果皮均匀覆盖。立即吃那些美味的热猪皮。

29. 三文鱼炸丸子

- 1 品脱罐装鲑鱼，沥干
- $\frac{1}{2}$ 杯面包屑、饼干屑
- ⅓ 杯切碎的新鲜欧芹
- 1 瓣大蒜，切碎
- $\frac{1}{8}$ 茶匙现磨黑胡椒粉
- 1 个鸡蛋，轻轻打
- $\frac{1}{4}$ 杯牛奶
- 2 汤匙蛋黄酱
- $\frac{1}{4}$ 杯中性食用油

1. 将三文鱼、面包屑、欧芹、大蒜、胡椒粉、鸡蛋、牛奶和蛋黄酱混合在一个中等大小的碗中。用叉子混合直到混合但不完全捣碎和糊状。三文鱼的量

2. 用中火将中型煎锅中的油加热 1 分钟。使用 $\frac{1}{2}$ 杯量杯舀出不足 $\frac{1}{2}$ 杯的鲑鱼混合物。用手将它捏成 3/4 到 1 英寸厚的肉饼，然后放入锅中。一次煮三个炸丸子，以免挤满锅，直到金黄色，每面 5 到 7 分钟。用抹刀将炸丸子转移到放在纸巾上的架子上沥干水分，并在食用前撒上一小撮精制盐。

30. 蜜饯开心果

- 1 杯烤咸开心果，去壳
- $\frac{3}{4}$ 杯浅色蜂蜜
- $\frac{1}{4}$ 杯特级初榨橄榄油
- 1 圆形茶匙切碎的柠檬皮屑
- $1\frac{1}{2}$ 茶匙切碎的鲜姜
- 1 茶匙粗盐
- $\frac{1}{4}$ 茶匙现磨黑胡椒粉

1. 用中高火加热中型煎锅 1 分钟。在平底锅中烤开心果，经常搅拌或摇动，直到它们变成浅褐色，持续 3 到 5 分钟。这将使他们的味道振作起来。从锅中取出坚果，让它们冷却。如果您使用的是非常新鲜的烤坚果，而且味道已经很好，请跳过这一步。

2. 在微波炉中加热蜂蜜 10 到 20 秒，以帮助它更容易倒出和混合。如果您没有微波炉，请将蜂蜜罐放在一锅热自来水中加热 30 到 45 秒，直到可以轻松倒出为止。

3. 将蜂蜜、橄榄油、柠檬皮、生姜、盐和胡椒粉放入一个中等大小的碗中，用碗刮刀将每一滴甜美可口的蜂蜜混合在一起。

4. 坚果冷却后，将它们加入蜂蜜混合物中并搅拌使其完全覆盖。

5. 将混合物倒入品脱罐头罐中，盖上盖子并冷藏。

31.美味的熏比目鱼

6 人份

4（6 盎司/170 克）大比目鱼排

1 杯特级初榨橄榄油

2 茶匙粗盐

1 茶匙现磨黑胡椒

½ 杯蛋黄酱

½ 杯甜泡菜调味品

1 杯切碎的甜洋葱

1 杯切碎的烤红辣椒

1 杯切碎的番茄

1 杯切碎的黄瓜

2 汤匙第戎芥末

1 茶匙蒜末

用橄榄油擦拭大比目鱼牛排，并在两面用盐和胡椒调味。转移到盘子里，盖上保鲜膜，冷藏 4 小时。

为您的电子吸烟器提供木屑颗粒，并按照制造商的特定启动程序进行操作。盖上盖子预热至 200°F (93°C)。

从冰箱中取出大比目鱼，涂上蛋黄酱。

将鱼直接放在烤架炉排上，盖上盖子，熏 2 小时，或直至变得不透明，插入鱼中的即时读数温度计读数为 140°F (60°C)。

当鱼冒烟时，将泡菜调味料、洋葱、烤红辣椒、西红柿、黄瓜、第戎芥末和大蒜混合在一个中等大小的碗中。将芥末酱冷藏起来，直到可以食用为止。

大比目鱼牛排配上芥末酱，趁热上桌。

32. 烟熏虾罗非鱼

5 人份

142 克（5 盎司）新鲜养殖罗非鱼片

2 汤匙特级初榨橄榄油

1 和 $\frac{1}{2}$ 茶匙烟熏辣椒粉

1 又 $\frac{1}{2}$ 茶匙老湾调味料

虾馅

1 磅（454 克）虾，煮熟并去内脏

1 汤匙咸黄油

1 杯红洋葱，切丁

1 杯意大利面包屑

1 杯蛋黄酱

1 个大鸡蛋，殴打

2 茶匙新鲜欧芹，切碎

1 和 $\frac{1}{2}$ 茶匙盐和胡椒

拿一个食品加工机，加入虾，切碎

取一个平底锅，将其放在中高温下，加入黄油并使其融化。将洋葱炒 3 分钟

加入切碎的虾和冷却的炒洋葱以及馅料成分下列出的剩余成分，然后转移到碗中

盖上混合物，让它冷藏 60 分钟。用橄榄油擦鱼片的两面

用勺子将 1/3 杯馅料倒入鱼片中。将馅料压平到鱼片的下半部分，然后将罗非鱼对折

用 2 根牙签固定。在每块鱼片上撒上烟熏辣椒粉和老海湾调味料

将您的电子吸烟器预热至 400 华氏度

添加您喜欢的木屑并将鱼片转移到不粘烤盘中

转移到您的电子烟熏器和电熏器上 30-45 分钟，直到内部温度达到 145 华氏度。让鱼休息 5 分钟，尽情享受吧！

33. Cajun 五香烟熏虾

4 人份

4 汤匙橄榄油

1 汤匙 Cajun 调味料

2 瓣大蒜，切碎

1 汤匙柠檬汁

盐，品尝

2 磅（907 克）虾，去皮去内脏

将所有成分混合在一个可密封的塑料袋中。搅拌均匀。

在冰箱中腌制 4 小时。将 Pit boss 烤架调高。

盖上盖子预热 15 分钟。将虾串在串上。

每面烤 4 分钟。用柠檬角装饰。

34. 百里香熏海鲈鱼

4 人份

腌料

1 茶匙熏黑的萨斯喀彻温省

1 汤匙百里香，新鲜的

1 汤匙牛至，新鲜

8 瓣大蒜，压碎。

1 个柠檬，果汁

1 杯油鲈鱼

4 条海鲈鱼片，去皮鸡肉擦调味料海鲜调味料（如老海湾）8 汤匙黄金黄油

装饰用：

百里香

柠檬

制作腌料：在 Ziploc 袋中混合配料并混合。加入鱼片并在冰箱中腌制 30 分钟。转一次。

盖上盖子将烤架预热至 325F。

在烤盘中加入黄油。将鱼从腌料中取出，倒入烤盘中。用鸡肉和海鲜酱给鱼调味。将其放入烤盘和烤架上。煮 30 分钟。涂抹 1 - 2 次。

当内部温度为 160F 时从烤架上取下。

用柠檬片和百里香装饰。

35. 基尔巴萨烟熏香肠虾混合

12 人份

3 磅（1.4 千克）虾（大），带尾巴，分开。

2 磅（907 克）基尔巴萨烟熏香肠

6 个玉米切成 3 块。

907 克（2 磅）土豆，红色

老湾

将烤架预热至 275°F (135°C)，盖上盖子。

首先，在烤架上煮香肠。煮 1 小时。

将温度升高至高温。用 Old Bay 调味玉米和土豆。现在烤，直到它们变软。

用老海湾给虾调味，然后在烤架上烤 20 分钟。

在一个碗里混合煮熟的配料。折腾。

用 Old Bay 调味即可上桌。享受！

36. 罗勒熏虾和扇贝烤肉串

产量：4 份

成分

- $\frac{1}{2}$ 杯苹果木片
- $\frac{1}{2}$ 磅大虾
- $\frac{1}{2}$ 磅海扇贝
- 1 杯切碎的新鲜罗勒

1. 将苹果木片浸泡在水中 1 小时。
2. 将四根 6 英寸的竹签浸泡在水中 15 分钟。将虾和扇贝交替穿在每个串上。
3. 在炒锅或直边煎锅上铺上双倍厚度的铝箔。沥干苹果木片，将它们与底部的罗勒混合。插入一个低架子，使串杆保持升高，但仍然可以盖上盖子。
4. 将烤串放在架子上并盖上锅盖。如果使用炒锅，请在锅盖周围缠上 2 条湿毛巾；对于煎锅，在盖子上盖上一条湿毛巾并紧紧固定。
5. 用中高温将烤肉串熏 15 分钟。将平底锅从火上移开，放置 5 分钟后再揭开。立即服务。

37. 黑荔枝茶熏龙虾

产量：4 份

成分

- 2 缅因州龙虾
- 2 杯白米饭
- 2 杯红糖
- 2 杯黑荔枝茶
- 2 成熟的芒果
- ½ 杯豆薯棒
- ½ 杯最细的雪纺
- ½ 杯罗勒雪纺
- 1 杯绿豆线，漂白
- 蟹肉鱼露
- 8 张宣纸

1. 将酒店的深锅预热至非常热。在深锅中加入米饭、糖和茶，然后立即将龙虾放在上面的浅孔锅中。用铝箔快速密封。当电子烟器开始吸烟时，用小火将龙虾熏 10 分钟或直至煮熟。冷却龙虾，然后将尾巴切成长条。
2. 将豆薯、细粉、罗勒、豆丝混合，拌入鱼露。
3. 将米纸浸泡在温水中，然后将一些混合物放在软化的纸上。镶嵌烟熏龙虾条和芒果片。滚动并静置 10 分钟。用保鲜膜单独包裹卷以确保保持水分。

38. 意大利卷饼和烟熏白鱼蘸酱

产量：1 份

成分

- 2 片白三明治面包；去壳
- ⅔ 杯牛奶（脱脂）或牛奶替代品
- 1 罐 cannellini 豆；沥干并冲洗干净
- 1 磅烟熏白鱼
- 1 茶匙切碎的新鲜大蒜
- 1 茶匙精细磨碎的柠檬皮
- 2 汤匙切碎的新鲜香草
- 盐和新鲜胡椒粉
- 瓶装辣椒酱

1. 将面包浸泡在牛奶中几分钟。
2. 将豆子、白鱼、大蒜和果皮放入食品加工机中。脉冲粗切。加入浸泡过的面包和牛奶，加工至光滑。加入香草并用盐、胡椒粉和几滴胡椒酱调味。
3. 盖好并冷藏最多可存放 5 天。

39. 热熏鱼

•

- 2 汤匙深红糖
- 2 汤匙粗盐
- $\frac{1}{2}$ 茶匙现磨黑胡椒粉
- $\frac{1}{2}$ 茶匙法国红辣椒粉
- 2 磅带皮鲑鱼

1. 将糖、盐、胡椒粉和辣椒（如果使用）混合在一个小碗中。将鱼彻底擦干，然后用调味料擦拭。让它在冰箱里静置 30 分钟，不盖盖子。

2. 预热烤架并准备木屑或木屑。

3. 当烤架准备好熏制时，将鱼熏至内部温度达到 140°F (60°C)；时间取决于鱼的厚度，但 1 小时后开始检查。

如果你没有使用温度计，戳鱼最厚的部分；它应该剥落并且看起来不透明。

4. 上菜前让鱼稍微冷却一下。

40. 盐渍干鳕鱼

- 2 磅鳕鱼片，$\frac{1}{2}$-$\frac{3}{4}$ 英寸厚
- 2 磅粗盐

1. 用足够的盐覆盖有边烤盘（大到可以单层盛放鱼）的底部，这样你就看不到底部了。把鱼片放在上面，不要接触，单层。将盐倒在鱼的顶部以将其完全掩埋，然后轻轻向下压盐以确保覆盖整条鱼。

2. 将鱼放入冰箱，不加盖，放入盐中腌制 4 天，或直至感觉变硬并腌制为止。通过揭开一块并在最厚的部分感觉它来检查鱼。

3. 将鱼从盐中取出，但保留任何自然附着在表面的盐。丢弃盘中剩余的盐。

4.晾干鱼肉。我建议您在食品脱水机中执行此操作，因为过程很长。将鱼在 140°F (60°C) 的温度下烘干至坚硬，大约 3 天，每 12 小时左右翻转一次。

5. 食用前，将 bacalao 浸泡在足够凉的自来水中 24 小时以完全覆盖它，每 8 小时换水一次。烹饪前将鱼沥干并拍干。

41.三文鱼肉干

- 2 磅带皮鲑鱼片
- 4 个大蒜瓣，切碎
- 4 茶匙切碎的鲜姜
- 1 杯酱油
- ¾ 杯纯枫糖浆
- ¾ 杯柠檬汁
- 现磨黑胡椒
- 中性食用油

1. 将三文鱼完全拍干并冷冻约 30 分钟，使其变硬并更容易切片。

2. 同时，将大蒜、生姜、酱油、枫糖浆和柠檬汁混合在一个中等大小的碗中。

3. 将鱼切成 ¼ 到 ⅓ 英寸厚的长片。逆着谷物切片以获得更嫩的肉干，或顺着谷物切片以获得更坚硬的碎片。将鱼块加入腌料中，让它们静置，偶尔搅拌，在室温下静置 1 小时。

4. 一条一条地从腌料中拉出条状物，然后将它们平铺在纸巾上晾干，单层。如果想吃辣，可以在鱼上撒上黑胡椒或红辣椒片。现在是时候把鱼晒干了。

42. 金枪鱼罐头

-

- 每品脱罐 1 磅金枪鱼片或清洁的新鲜金枪鱼
- 每品脱罐 1 茶匙粗盐
- ¾ 杯特级初榨橄榄油

1. 将烤箱预热至 250°F (120°C)。

2. 用铝箔包裹金枪鱼以防变干。将铝箔包放在烤盘上，然后放入烤箱。煮约 1 小时，或直到肉最厚部分的内部温度达到 140°F（60°C）。

3. 煮熟后让鱼稍微冷却，然后放入冰箱冷藏数小时，使鱼肉紧实。

4.金枪鱼煮熟后，就可以装罐头了。清洁广口品脱罐并检查是否有刻痕和凹痕。

5. 剥掉金枪鱼的皮，去掉变色的肉。如果您只想要浅色的金枪鱼肉，请将深色的肉也切掉。将金枪鱼切成足够大的块，以便非常紧密地装入罐子中。

6. 将罐子与鱼紧紧包在一起。每罐加 1 茶匙盐。如果需要，用油或水覆盖金枪鱼，留下 1 英寸的顶部空间。将边缘擦拭干净并盖上盖子。拧上带子，但不要太紧。

43. 烟熏烧烤鸡翅

16 人份

16 只鸡翅

1 汤匙橄榄油

1 汤匙鸡肉擦

1 杯精选商业烧烤酱

将除烧烤酱外的所有配料放入碗中。按摩鸡胸肉，使其沾上腌料。

放入冰箱腌制至少 4 小时。

将烤架烧至 350F。使用枫木颗粒。盖上烤架盖并预热 15 分钟。

将翅膀放在烤架上，盖上盖子，每边各煮 12 分钟。

鸡翅做好后，放入干净的碗中。

倒上烧烤酱，搅拌均匀。

44. 熏鳄梨康沃尔母鸡

6 人份

6 只康沃尔母鸡

3 汤匙鳄梨油

6 汤匙精选搓揉

点燃木屑颗粒并将其预热至 275°F（135°C）。

用油擦母鸡，然后涂上大量的擦剂。将母鸡放在烤架上，胸部朝下。

吸烟 30 分钟。翻转母鸡并将烤架温度提高到 400°F (204°C)。煮至内部温度达到 165°F (74°C)。

从烤架上取下，在上菜前静置 10 分钟。享受。

45. 烟熏柑橘鸡胸肉

6 人份

2 个柠檬，去皮并榨汁

1 瓣大蒜，切碎

2 茶匙蜂蜜

2 茶匙盐

1 茶匙黑胡椒粉

2 枝新鲜百里香

½ 杯橄榄油

6 无骨鸡胸肉

将所有配料放入碗中。按摩鸡胸肉，使其沾上腌料。

放入冰箱腌制至少 4 小时。

将烤架烧至 350F。使用苹果木颗粒。盖上烤架盖并预热 15 分钟。

将鸡胸肉放在烤架上，两面各煮 15 分钟。

立即上桌或淋上柠檬汁。

46. 香辣熏鸡

6 人份

1 个鸡蛋，殴打

½ 杯牛奶

1 杯通用面粉

2 汤匙盐

1 汤匙现磨黑胡椒

2 茶匙现磨白胡椒粉

2 茶匙辣椒

2 茶匙大蒜粉

2 茶匙洋葱粉

1 茶匙烟熏辣椒粉

8 汤匙（1 根）无盐黄油，融化

1 只整鸡，切成块

为您的电子吸烟器提供木屑颗粒，并按照制造商的特定启动程序进行操作。盖上盖子预热至 375°F (191°C)。

在一个中等大小的碗中，将打好的鸡蛋与牛奶混合并放在一边。

在一个单独的中型碗中，将面粉、盐、黑胡椒、白胡椒、卡宴、大蒜粉、洋葱粉和烟熏辣椒粉搅拌在一起。

在高边金属烤盘的底部和侧面铺上铝箔纸，以便于清理。

将融化的黄油倒入准备好的平底锅中。

将鸡块一次一个地浸入鸡蛋混合物中，然后涂上调味面粉。转移到烤盘。

将鸡肉放在烤架上的黄油锅中熏制 25 分钟，盖上盖子，然后将温度降至 325°F（163°C），然后将鸡块翻过来。

盖上盖子继续吸烟约 30 分钟，或直到插入每块鸡块最厚部分的肉类温度计读数为 165°F (74°C)。立即服务。

47. 辣酱熏鸡翅

8 人份

4 磅（1.8 千克）鸡翅，拍干

2 汤匙橄榄油盐和胡椒，品尝

2 个中等大小的黄洋葱，切碎

5 瓣大蒜，切碎

1 杯波旁威士忌

2 杯番茄酱

$^{1}/_{3}$ 杯苹果醋

2 汤匙烟熏液

1 茶匙粗盐

1 茶匙黑胡椒少许辣酱

将鸡肉放入碗中，淋上橄榄油。盐和胡椒调味。在另一个碗中，将其余成分混合并放在一边。

将烤架烧至 400F (204°C)。使用山核桃木颗粒。盖上盖子，预热 15 分钟。

将鸡肉放在烤架上，每面烤 12 分钟。

用刷子在鸡翅各面刷上波旁酱。

将鸡肉翻过来，盖上盖子再煮 12 分钟。

48. 茶熏鸡

产量：6 份

成分

- 2 汤匙米酒
- 2 茶匙盐
- 1.5 茶匙四川花椒
- 3 大葱
- ½ 姜根，去皮
- 2.5 磅鸡肉
- ½ 杯中国红茶叶
- 2 汤匙深红糖，包装
- 东方芝麻油

1. 在一个大碗里，混合酒、盐和胡椒粒。将大葱和姜根放入碗中。加入鸡肉，用腌料将其揉匀。将鸡肉转移到蒸笼架上，盖上盖子蒸 20 分钟。同时，在锅底和锅盖上铺上重型箔纸。在一个小碗里，将茶叶和红糖混合均匀。
2. 将混合物放入锅底，并在上方放置 2 英寸的架子。
3. 将鸡胸朝上转移到锅中的架子上。热锅，盖满，在现代高温下加热 5-6 分钟或直到它开始冒烟。熏鸡，覆盖。

49. 茉莉花茶熏鸭

产量：4 份

成分

- 4 鸭胸；完全修剪
- 50 毫升酱油
- 20 克鲜姜；切碎
- 2 汤匙米饭；普通的
- 1 汤匙糖
- 2 汤匙茉莉花茶
- 蚕豆 300 克；炮击
- 300 克婆罗门参；去皮
- 150 克好肉汁
- 20 克黄油
- 1 小枝迷迭香和百里香；切碎的

1. 将鸭胸放入酱油和生姜中腌制 2 小时，加入盐和胡椒调味，然后在热煎锅中煎熟。
2. 将米饭、糖和茉莉花茶混合，放在锅底的一张铝箔纸上。将鸭胸放在茶混合物顶部的圆形金属丝架上，留出约 1-2 英寸的间隙，并盖上盖子或另一片箔纸。用小火熏约 10-15 分钟。

3. 加入蚕豆、黄油和香草，用盐和胡椒调味，然后轻轻加热，直到蚕豆煮熟。把蔬菜放在盘子里，上面是鸭胸肉片，周围是热的肉汁。

50. 油封鸭

-

- 2 磅鸭腿
- 4 个大蒜瓣，切成薄片
- 8 根新鲜百里香小枝，撕成小块
- 1 根新鲜迷迭香小枝的叶子
- 3 片大的干月桂叶，弄碎
- 3 汤匙粗盐 2-2½ 杯鸭脂

1. 用锋利的刀将鸭腿从大腿上分开。

2. 将一半大蒜、一半百里香、一半迷迭香和一半海湾撒在一个 8 英寸见方的平底锅中。在鸭子的四周撒上盐，然后将其放入盘中。将剩余的大蒜、百里香、迷迭香和月桂放在鸭子上面，然后将香草压入鸭子中以调味。

4. 打开鸭子的包装并丢弃香草和大蒜。刷掉多余的盐（但不要冲洗鸭子）并倒出积聚在盘子底部的所有液体。把鸭子放回盘子里。

5. 通过在微波炉中一次加热 10 秒或将其放入耐热罐中并将罐子放入一锅温水中来融化鸭油。脂肪液化后，将其倒在鸭子上以覆盖它。

6. 将鸭子放入烤箱，慢慢煮约 3.5 小时，或直到鸭子骨头变软。

7. 让鸭子冷却，然后盖上盖子，放入冰箱中的脂肪中腌制。

51. 鸭胸火腿

-

- 2 个鸭胸
- $\frac{1}{2}$ 杯淡红糖
- $\frac{1}{4}$ 杯粗盐
- 2 茶匙切碎的橙皮碎
- 2 茶匙香菜粉
- 1 茶匙鼠尾草
- 1 茶匙现磨黑胡椒

1. 用一把非常锋利的刀轻轻划过鸭胸皮并穿过脂肪帽，在鸭胸皮一侧对角划线，使切口相距约 $\frac{1}{2}$ 英寸。
2. 将糖、盐、橙皮屑、香菜、鼠尾草和胡椒混合在一个小碗中。将这种治疗方法涂抹在鸭子的两侧，包括皮肤的缝隙。把鸭子放回盘子里，带皮的一面朝上。用保鲜膜将盘子盖紧并冷藏 4 天。
3. 翻转鸭胸，再次用保鲜膜将盘子盖紧。再冷藏 3 天。
4. 此时，鸭子的颜色应该是暗红色，而且感觉全身结实，就像一块全熟的牛排。这意味着你的肉已经腌制好了。如果感觉还是很软，再把肉翻过来，再静置一两天。
5. 为确保您的鸭子可以安全食用，请将其放在架子上，脂肪面朝上，放入预热的烤箱中。加热鸭子约 25 分钟，或直到其内部温度达到 160°F（70°C）。
6. 将鸭子冲洗干净并拍干。上菜前把它切成薄片。

52. 烟熏火鸡腿

- 6 杯水
- $\frac{1}{4}$ 杯粗盐
- 2 汤匙糖
- 5 瓣大蒜，捣碎
- 2 汤匙黑胡椒粒
- 2.5 磅带骨火鸡腿或四分之一火鸡腿

1. 将水、盐、糖、大蒜和胡椒粒放入深碗或食品安全桶或容器中，充分混合以溶解盐和糖。将火鸡完全浸没在盐水中。用一个倒置的盘子盖住火鸡，并在盘子里放上石头或装满水的罐子，以帮助将火鸡保持在盐水线以下。将桶移至冰箱，静置 2 天。

2. 丢弃盐水和所有固体成分，将火鸡拍干。在准备热熏或冷熏烤架时，将其放在风扇下方的架子上以帮助其干燥。

3. 如果热熏，将火鸡皮朝上熏，最厚的部分最靠近火焰，直到其最厚部分中心远离骨头的内部温度达到 160°F (70°C) .

53. 感恩节火鸡干

- 2 磅火鸡胸肉，去除所有脂肪
- 3 杯蔓越莓汁鸡尾酒
- 2 汤匙粗盐
- 2 瓣大蒜，切碎
- 3 根新鲜迷迭香小枝
- 3 根新鲜鼠尾草小枝
- 中性食用油

1. 把肉冷冻 30 分钟，这样更容易切成薄片。用一把非常锋利的刀，将肉沿纹理切得尽可能薄（⅛ 到 $\frac{1}{4}$ 英寸厚）。

2. 将蔓越莓汁倒入一个大碗中，加入盐、大蒜、迷迭香和鼠尾草。加肉。混合混合，盖上盖子，让肉在冰箱的盐水中腌制 12 至 24 小时。

3. 将肉沥干，丢弃盐水和所有固体。现在是时候把肉晒干了。

54. 胡椒烟熏胸肉

8 人份

1（12 磅/5.4 千克）全包装牛胸肉

2 汤匙黄芥末（你也可以用酱油）

盐，品尝

现磨黑胡椒粉，适量

供应木屑颗粒并遵循启动程序。盖上盖子，将烤架预热至 225°F (107°C)。

使用剔骨刀，小心地去除覆盖在胸肉一侧的大层脂肪，只剩下约 ½ 英寸。

在胸肉上涂上芥末，并用盐和胡椒调味。

将牛腩直接放在烤架上并熏制，直到其内部温度达到 160°F（71°C）并且牛腩已经形成深色树皮。

将牛胸肉从烤架上拉下来，用铝箔纸或牛皮纸将其完全包裹起来。

将烤架的温度提高到 350°F (177°C)，然后将包好的牛腩放回烤架上。继续烹饪，直到其内部温度达到 190°F (87°C)。

将包好的牛腩转移到冷却器中，盖上冷却器，让牛腩静置 1 或 2 小时。

从冷却器中取出胸肉并打开包装。

沿着脂肪层切开，将牛腩点与扁平部分分开，然后将扁平部分切成薄片。该点可以保存用于烧焦的末端（参见甜热烧焦的末端），也可以切片和食用。

55. 大型游戏擦熏手撕猪肉

4 人份

907 克（2 磅）带骨猪肩肉

大游戏擦

2 杯苹果酒

'Que 烧烤酱

将猪肩肉放入碗中，去除多余的脂肪，然后用 Big Game Rub 调味。

准备烹饪时，将烤架开火至 250F。烹饪时使用枫木颗粒。盖上盖子并预热 15 分钟。

将猪肉放在烤架上烤 5 小时或直到内部温度达到 160°F (71°C)。从烤架上取出猪肉并静置。

在烤盘上，将 4 片铝箔叠在一起。把猪肉放在箔纸的中央，把箔纸的两边抬起来，在猪肉周围做一个袖子。

压紧边缘以确保任何液体不会从套筒中逸出。倒在苹果汁上。

将铝箔包裹的猪肉放在烤架上，在 204°F (95°C) 的温度下再煮 3 小时。

从烤架上取下并静置。将猪肉从铝箔套中取出并转移到盘子中，用叉子将肉切丝。丢弃骨头（如果有）。

一旦猪肉被切碎，倒在烧烤酱上。

56. 大蒜熏肉末

6 人份

3 磅（1.3 千克）碎猪肉

1 汤匙芥末粉

1 汤匙洋葱粉

1 汤匙大蒜粉

1 茶匙粉红色腌制盐

1 茶匙盐

1 茶匙黑胡椒 $\frac{1}{4}$ 杯冰水

猪肠衣，用冷水浸泡和冲洗

在碗中混合除猪肠衣以外的所有成分。用手搅拌，直到所有成分充分混合。

使用香肠填充器，将猪肉混合物填充到猪肠衣中。

测量 4 英寸长的填充猪肠衣，然后拧成香肠。重复该过程，直到创建香肠链接。

准备好烹饪时，将烤架加热至 225°F (107°C)。烹饪排骨时使用苹果木颗粒。盖上盖子并预热 15 分钟。

将香肠链放在烤架上烤 1 小时或直到香肠的内部温度达到 155°F (68°C)。

切片前让其休息。

57. 烟熏羊肉丸子

服务 20

1 磅（454 克）羊肩肉，磨碎

3 瓣大蒜，切丁

3 汤匙葱，切丁

1 汤匙盐

1 个鸡蛋

1 汤匙胡椒粉

1 汤匙烟熏辣椒粉

$\frac{1}{4}$ 汤匙红辣椒片

$\frac{1}{4}$ 汤匙肉桂

$\frac{1}{4}$ 杯 panko 面包屑

设置为 250 华氏度（121°C）。将所有成分混合在一个小碗中，然后用手彻底混合。

形成高尔夫球大小的肉丸并将它们放在烤盘中。

将烤盘放入电熏器中并吸烟，直到内部温度达到 160F（71°C）。

将肉丸从电熏器中取出，趁热食用。

58.基本牛肉干

- 2 磅非常瘦的牛腰肉或侧腹牛排
- ¼ 杯黑红糖
- 2 汤匙粗盐
- 2 汤匙酱油
- 4 瓣大蒜，切碎
- 2 茶匙红辣椒片
- 中性食用油

1. 尽可能将肉切成薄片，⅛ 到 ¼ 英寸厚。
2. 在一个中型碗中，用手将肉与糖、盐、酱油、大蒜、胡椒片和黑胡椒一起搅拌，如果使用的话。让肉腌 1 小时，以帮助增加它的味道。取出肉并丢弃腌料。
3. 将烤箱预热至最低设置。将一个架子放在烤箱中间，一个架子放在底部。用羊皮纸在两张烤盘上划线。
4. 在两个金属丝冷却架上轻轻涂油，然后将它们放在有内衬的烤盘上。将腌好的肉完全平放在架子上。不要让碎片接触；让空气在碎片之间流动将帮助它们更快地干燥。
5. 将烤盘放入烤箱。

59. 酸橙牛肉干

- 2 磅非常瘦的牛腰肉或侧腹牛排
- 3 杯红洋葱片
- 1 杯橙汁
- ½ 杯柠檬汁
- 2 汤匙细海盐
- 4 茶匙孜然粉
- 中性食用油

1. 将牛排冷冻 30 分钟，这样更容易切成薄片。用一把非常锋利的刀，将肉对着纹理切成 ⅛ 到 ¼ 英寸厚的薄片。
2. 用一把锋利的小刀去除肉上的每一丝脂肪。不要跳过这一步。肉可以腌制，而脂肪不能，而且脂肪以后可能会变质。
3. 将切好的肉放在两层纸巾之间，然后将其紧紧卷起，尽可能多地挤出水分。4. 在一个中等大小的碗中，将肉与洋葱、橙汁、柠檬汁、盐和孜然一起搅拌。让肉腌制 1 小时，以帮助增加其风味。取出肉并丢弃腌料。
4. 现在是时候用烤箱或食品脱水机烘干肉了。

60. 味噌酸奶牛肉干

- 2 磅非常瘦的牛腰肉或侧腹牛排
- 1 杯全脂酸奶
- ½ 杯白味噌
- 4 茶匙切碎的大蒜
- 2 茶匙切碎的鲜姜
- 2 茶匙细海盐
- 中性食用油

1. 将烤箱预热至最低设置。将一个架子放在烤箱中间，一个架子放在底部。用羊皮纸在两张烤盘上划线。
2. 在两个金属丝冷却架上轻轻涂油，然后将它们放在有内衬的烤盘上。将腌好的肉完全平放在架子上。不要让碎片接触；让空气在碎片之间流动将帮助它们更快地干燥。
3. 将烤盘放入烤箱。如果您没有对流烤箱，请用木勺柄将烤箱门楔开。根据您的烤箱、天气和肉的厚度，您的肉干将在 3 到 8 小时内完成。
4. 3 小时后开始检查肉干。当你能够弯曲一块肉干并且它断裂时，它就准备好了。

61. 大型游戏生涩

- 2 磅瘦鹿肉、麋鹿或水牛
- $\frac{1}{2}$ 杯伍斯特沙司
- $\frac{1}{4}$ 杯黑糖蜜
- $\frac{1}{4}$ 杯黑酱油
- 1 茶匙精细磨碎的柠檬皮
- 1 茶匙香菜种子
- 8 个豆蔻荚，破裂
- 3 瓣大蒜，切碎
- 中性食用油

1. 尽可能去除肉中的脂肪，然后将肉冷冻 20 至 30 分钟，这样更容易切片。用一把非常锋利的刀，尽可能将肉切成 $\frac{1}{4}$ 到 ⅓ 英寸厚。

2. 在一个大碗中，将伍斯特沙司、糖蜜、酱油、柠檬皮屑、香菜籽、豆蔻和大蒜搅拌在一起。

3. 将肉片一次一片地放入碗中，确保每一片都完全浸入盐水中。让肉在腌料中静置 90 分钟。取出肉并丢弃腌料。现在是时候用烤箱或食品脱水机烘干肉了。

62.美国干果和肉类

- 2 磅羊脂
- 6 盎司你选择的肉干
- 1 杯干蔓越莓
- 1 茶匙粗盐

1. 将蔓越莓切碎，或将它们添加到食品加工机中并脉冲几次使其碎裂。
2. 在微波炉中以 20 秒的速度熔化 $\frac{1}{4}$ 杯牛油，直到它变成足以倒出的液体。或者将牛脂罐放入一锅热水中，直到它融化。将牛油加入肉和水果中，搅拌均匀。当它变硬时，牛油会把它们粘在一起。
3. 品尝混合物并根据需要调整盐，如果需要，以 $\frac{1}{2}$ 茶匙的增量添加。并感受一下您的手从牛油中变得多么柔软！好的。
4. 将混合物非常用力地压入准备好的面包盘中，直到它变平均匀，尤其是在角落里。盖上盖子并冷藏至坚硬，至少 1 小时。切成八块。
5. 用刀或抹刀小心地取出每一块。立即将干肉饼上桌，或用保鲜膜单独包裹每一块。

63. 南非肉干

●

- 2 磅牛里脊肉、牛腰肉、烤臀肉
- 1 杯红酒醋
- 6 汤匙香菜种子
- 4 茶匙黑胡椒粒
- 2 汤匙粗盐
- 中性食用油

1. 将肉切成约 1 英寸厚的大块。将醋倒入一个小碗中，然后将每一块快速浸入醋中。
2. 用中火加热小煎锅 1 分钟。加入香菜，不断搅拌。
3. 在香料研磨机、咖啡研磨机或食品加工机中研磨烤香菜和胡椒粒，直至精细研磨。
4. 肉干后，将其与磨碎的香料一起搅拌。
5. 在金属丝冷却架上轻轻涂油，然后将其放在有内衬的烤盘上。保持肉表面的香料完好无损，将肉完全平放在架子上。不要让碎片接触；让空气在碎片之间流动将帮助它们更快地干燥。
6. 将烤盘放入烤箱。如果您没有对流烤箱，请用木勺柄将烤箱门楔开。根据您的烤箱、天气和肉的厚度，您的干肉条将在 5 到 9 小时内完成。

64. 摩洛哥腌羊肉

- 2 磅无骨羊肩肉
- 10 瓣大蒜，切碎
- 3 汤匙粗盐
- 1 汤匙孜然粉
- 4 茶匙香菜粉
- 1 茶匙红辣椒片
- 中性食用油
- 2 杯动物脂肪

1. 将羊肉切成 2 英寸的方块，就像炖肉一样。
2. 在一个中型碗中，将大蒜、盐、孜然、香菜和胡椒片搅拌在一起。将肉放入碗中并彻底搅拌。盖上盖子并冷藏 12 至 24 小时。现在是时候用烤箱或食品脱水机烘干肉了。
3. 在金属丝冷却架上轻轻涂油，然后将其放在有内衬的烤盘上。将腌好的肉放在架子上。不要让碎片接触；让空气在碎片之间流动将帮助它们更快地干燥。
4. 将烤盘放入烤箱。如果您没有对流烤箱，请用木勺柄将烤箱门楔开。根据您的烤箱、天气和肉的厚度，羊肉将在 7 到 8 小时内变干。当感觉全身变硬（像煮熟的肉）时，它就准备好了。现在是油炸和腌制肉的时候了。

65. 咸牛肉

- 6 杯水
- ¾ 杯粗盐
- ¾ 杯糖
- 1 茶匙粉红色腌制盐
- 1 汤匙黑胡椒粒
- 2 茶匙褐芥子
- 2 茶匙芹菜籽
- 1 茶匙香菜种子
- 4 瓣大蒜，压碎
- 2 八角
- 1 片大的干月桂叶
- 1（4 磅）牛腩

1. 将水、盐、糖和腌制盐加入一个大的深碗或小的食品安全桶中，搅拌均匀以溶解固体；解决方案将是多云的。加入花椒、芥菜籽、芹菜籽、香菜籽、大蒜、八角和月桂叶，然后加入肉。

2. 盖上碗，将牛肉"玉米"放入冰箱 10 至 14 天或直至完全固化。

3. 腌制后，将肉沥干并冲洗干净，丢弃所有盐水成分。把肉放在一个大汤锅里，用淡水盖住它 1 英寸。盖上锅盖煮沸，然后将火调小并用文火炖 1.5 小时（真的，不要煮沸，否则肉会变硬）。如果你用它做一顿饭，加入土豆、胡萝卜和卷心菜，让它们和牛肉一起炖最后 30 分钟。当最厚部分的内部温度达到 150°F (65°C) 时，肉就熟了。

66. 熏牛肉

- 1（4 磅）腌制咸牛肉，通过步骤 2 准备
- 2 茶匙细碎的黑胡椒粒

1. 丢弃咸牛肉中的盐水（包括所有固体成分）。如果您打算浸泡肉以降低其盐度，请立即进行：将肉浸泡在淡水中 1 小时。沥干并重复。

2. 把肉拍干，压上胡椒粉。在准备热熏或冷熏烤架时，将其放在风扇下方的金属丝架上以帮助其干燥。

1. 如果热熏，将肉的最厚部分最靠近火焰进行熏制，直到其最厚部分中心的内部温度达到 150°F (65°C)。

如果冷熏，将肉熏 12 小时，然后在 250°F（120°C）的烤箱中或在低温烤架上烤约 1 小时，直到内部温度达到 160°F（ 70°C）在其最厚部分的中心。

2. 让肉完全冷却，然后冷藏 1 天再食用。把它切成薄片享用。

67. 咸猪肉

-

- 3 汤匙粗盐
- 3 汤匙深红糖
- 1 茶匙地面月桂叶
- 1 茶匙肉桂粉
- $\frac{3}{4}$ 茶匙肉豆蔻粉 1$\frac{1}{4}$ 磅去皮五花肉

1. 将盐、糖、月桂、肉桂和肉豆蔻混合在一个大的浅盘中。

2. 把猪肉纵向切成两半，这样你就有了两条长条。用纸巾把肉拍干，直到变粘。将猪肉的所有面都压入盐混合物中，真正揉入使混合物粘在猪肉上。

3.将每块猪肉分别放入自封袋中；滚动并紧紧关闭袋子以排出所有空气。让猪肉在冰箱中放置 1 周，每天左右翻转一次以重新分配调味料。7 天后肉应该会变硬并固化。

4.猪肉现在可以煮了。如果你想在烹饪前提炼出一些脂肪，将其文火煮 20 分钟，沥干水分，然后在使用前将其完全晾干。

68. 烟熏胡萝卜土豆碗

6 人份

2 根大胡萝卜，粗略去皮切碎

2 个大的育空黄金土豆，去皮和楔形

5 汤匙橄榄油

5 汤匙香醋

盐和胡椒粉调味

将烤架烧至 400°F (204°C)。烹饪时使用所需的木屑颗粒。盖上盖子并预热 15 分钟。

将所有配料放入碗中，搅拌均匀，让调味料覆盖在蔬菜上。

放在衬有箔纸的烤盘上。

放在烤架上并盖上盖子。煮 30 分钟。

69. 烟熏大蒜球芽甘蓝

6 人份

680 克（1-$\frac{1}{2}$ 磅）抱子甘蓝

2 瓣大蒜，切碎

2 汤匙特级初榨橄榄油

海盐和黑胡椒碎

豆芽洗净

去掉豆芽外面的叶子和棕色的底部。

将豆芽放入一个大碗中，然后涂上橄榄油。

加入一层大蒜、盐和胡椒粉，然后将它们倒入锅中。

将水和木屑加到电熏器的顶架上。

吸烟 45 分钟或直到达到 250°F (121°C) 的温度。

70. 青豆烤培根

6 人份

454 克（1 磅）青豆

4 条培根，切成小块

4 汤匙特级初榨橄榄油

2 瓣大蒜，切碎

1 茶匙盐

将烤架烧至 400F (204°C)。烹饪时使用所需的木屑颗粒。盖上盖子并预热 15 分钟。

将所有配料倒在纸盘上并均匀铺开。

将托盘放在烤架上烤 20 分钟。

71. 烟熏西瓜串

5 人份

1 个小无籽西瓜

香醋 根据需要

木串

小无籽西瓜切片

将西瓜切成 1 英寸的方块。将方块放入容器中，在西瓜方块上淋上醋。

将电熏器预热至 225°F (107°)。开始预热前，将木屑和水加入电熏器中。

将立方体放在烤串上。

把烤串放在电烟架上烤 50 分钟。

厨师。取出串杆。服务！

72. 烟熏芝士蘑菇

12 人份

12-16 个白蘑菇，大的，清洗干净，去掉茎

1 杯帕玛森芝士

1 杯面包屑，意大利

2 瓣蒜末

2 汤匙新鲜欧芹，切碎

$\frac{1}{4}$ - $^{1}/_{3}$ 杯橄榄油

盐和胡椒粉调味

预热 375°F (191°C)。去掉蘑菇最底部的茎，然后将其余的切成小块。

将蘑菇茎、帕玛森芝士、面包屑、大蒜、欧芹、3 汤匙油、胡椒粉和盐混合在一个大碗中。结合直到湿润。

在平底锅中铺上蘑菇，一次性的，然后用混合物填充它们直到堆积。淋上更多的油。

将平底锅放在烤架上。烟熏约 1 小时 20 分钟，直到填充的棕色和蘑菇变软。

从中取出并食用。享受！

73. 鸡肉调味熏蔬菜

15 人份

1 穗玉米，新鲜，去壳和丝线

1 个黄南瓜，切片

1 个红洋葱，切成楔形

1 个青椒，切条

1 个红辣椒，切成条状

1 个黄椒，切成条状

1 杯蘑菇，减半

2 汤匙油

2 汤匙鸡肉调味料

将山核桃木颗粒浸泡在水中一小时。将颗粒从水中取出，然后用湿颗粒填充电烟熏盒。

将电烟熏盒放在烤架下方，然后盖上盖子。用高温加热烤架 10 分钟或直到木屑开始冒烟。

同时，将蔬菜放入油和调味料中搅拌，然后将它们放入烤架中。

烧烤 10 分钟，同时偶尔转动。服务和享受。

74. 烟熏蛋黄酱土豆沙拉

服务 4 到 6

2 磅（907 克）煮土豆（最好是有机土豆），用硬毛刷擦洗

2 汤匙特级初榨橄榄油

粗盐（海盐或犹太洁食盐）和现磨黑胡椒，品尝

1 杯蛋黄酱或烟熏蛋黄酱

3 汤匙第戎芥末

1 汤匙红酒醋，或更多口味

2 个煮熟的鸡蛋，去皮并切碎

2 汤匙切碎的新鲜莳萝

2 个大葱，修剪，白色部分切碎，绿色部分横向切成薄片

8 个去核绿橄榄或甜椒酿橄榄，切成薄片或粗切

8 个 cornichons（小馅饼法国泡菜）或 1 个莳萝泡菜，切碎（约 3 汤匙）

1 汤匙沥干的刺山柑，或品尝

西班牙烟熏辣椒粉 (pimentón)，洒用

将较大的土豆切成两半或四分之一；留下小的。这个想法是让所有的碎片都是一口大小，大约 1 英寸宽。

将土豆单层放在铝箔锅中。加入橄榄油并用盐和胡椒调味。

按照制造商的说明设置您的电子吸烟器并预热至 275°F (135°C)。按照制造商的说明添加木材。

将土豆放入电熏器中，熏至变软（竹签很容易刺穿土豆），1 至 1.5 小时，或根据需要熏制。搅拌几次，使土豆均匀地变成褐色。取出土豆并稍微冷却（它们应该是温暖的）。

当土豆冒烟时，制作调料：将蛋黄酱、芥末酱和醋放入一个大碗中，搅拌均匀。

加入切碎的鸡蛋、莳萝、大葱、橄榄、泡菜和酸豆搅拌。盖上盖子并冷藏，直到土豆准备好。

将热土豆搅拌到调料中。调好调料，加盐、胡椒粉、醋调味；沙拉应该经过高度调味。

您可以将土豆沙拉加热或冷藏（盖上盖子并冷藏，或在一碗冰上快速冷却沙拉）。转移到服务碗中，并在上菜前撒上烟熏辣椒粉。

75. 烟熏蔬菜配奶油玉米

服务 4 到 6

烟熏蔬菜：

4 穗新鲜甜玉米，去壳和去丝，或 3 杯 frounceen 玉米粒，解冻

1 个小洋葱，去皮并切成四等份

2 汤匙（$\frac{1}{4}$ 棒）黄油，融化

粗盐（海盐或犹太洁食盐）和现磨黑胡椒，品尝

1 个白胡椒，去蒂，纵向切成两半，去籽

奶油玉米：

1 汤匙黄油

1 汤匙未漂白通用面粉

2 茶匙西班牙烟熏辣椒粉 (pimentón) 或甜辣椒粉

$\frac{1}{2}$ 杯黑啤酒

1 到 $1\frac{1}{2}$ 杯对半

1 汤匙浅红糖或深红糖

1.5 杯粗磨切达干酪

按照制造商的说明安装您的电子烟熏器并预热至 225°F (107°C) 至 250°F (121°C)。添加制造商指定的木材。

用黄油轻轻刷玉米和洋葱，并用盐和胡椒调味。将玉米、洋葱和白胡椒放在电烟熏架上，熏 30 到 40 分钟，直到被烟熏成轻微的古铜色。

转移到砧板上冷却。把玉米粒从玉米棒上切下来。将洋葱和波布兰诺切成 ¼ 英寸的方块。

在大平底锅中用中火融化黄油。加入蔬菜，煮至发出嘶嘶声，3 分钟。加入面粉和辣椒粉，煮 1 分钟。加入啤酒，加热至中高，煮沸 1 分钟（以煮掉酒精）。

加入 1 杯对半杯和红糖，煮沸至浓稠，1 分钟。

关小火，将玉米文火慢炖 5 到 8 分钟，直至变稠且味道浓郁，经常搅拌。

加入奶酪，煮足够长的时间使其融化。如果混合物看起来太稠，添加更多的一半和一半。

如果需要，加入盐、胡椒和额外的糖，即可食用。

76. 烟熏胡椒秋葵

4 人份

不粘烹饪喷雾或黄油，用于润滑

1 磅（454 克）整个秋葵

2 汤匙特级初榨橄榄油

2 茶匙调味盐

2 茶匙现磨黑胡椒粉

为您的电子吸烟器提供木屑颗粒，并按照制造商的特定启动程序进行操作。盖上盖子预热至 400°F (204°C)。或者，将烤箱预热至 400°F (204°C)。

用铝箔衬一个浅边烤盘，并涂上烹饪喷雾。

将秋葵单层放在平底锅上。淋上橄榄油，转向外套。用盐和胡椒调味。

将烤盘放在烤架上，盖上盖子，熏 30 分钟，或直到变脆并略微烧焦。或者，在烤箱中烤 30 分钟。服务热。

77. 一盘冷熏奶酪

10 人份

冰

1 个铝盘，全尺寸，一次性

1 个铝制平底锅，半号，一次性

牙签

一块奶酪

将木屑颗粒预热至 165°F (74°C)，并盖上盖子 15 分钟。

将小平底锅放在大平底锅中。用冰填充小平底锅的周围。

将奶酪放在牙签上的小平底锅中，然后将平底锅放在烤架上并盖上盖子。

熏奶酪 1 小时，翻转奶酪，然后盖上盖子再熏 1 小时。

从烤架上取下奶酪，用羊皮纸包起来。在冰箱中存放 2 3 天，以使烟味变得醇厚。

从冰箱中取出即可食用。享受。

78. 熏豆和第戎芥末沙拉

6 人份

1 罐大北方豆，冲洗并沥干

1 罐红芸豆，冲洗并沥干

454 克（1 磅）新鲜青豆，切边

2 汤匙橄榄油

盐和胡椒粉调味

1 个小葱，切成薄片

2 汤匙红酒醋

1 茶匙第戎芥末

将烤架加热至 500°F (260°C)，烹饪时使用所需的木屑颗粒。盖上盖子并预热 15 分钟。

将豆子放在托盘中，淋上橄榄油。盐和胡椒调味。

放入烤架中煮 20 分钟。确保摇动托盘以均匀烹饪。

煮熟后，取出豆子并放入碗中。先让其冷却。

加入葱和其他配料。如果需要，用更多的盐和胡椒调味。将调味料涂在豆子上。

79. 菜籽油熏蘑菇

5 人份

4 杯波多贝罗，完整且清洁

1 汤匙菜籽油

1 汤匙洋葱粉

1 汤匙蒜粒

1 汤匙盐

1 汤匙胡椒粉

在搅拌碗中，加入所有配料并充分混合。

将木屑颗粒温度设置为 180°F (82°C)，然后将蘑菇直接放在烤架上。

将蘑菇熏 30 分钟。

将温度调高，将蘑菇再煮 15 分钟。

服务和享受。

80. 蘑菇熏蔬菜

6 人份

1 杯山核桃木片

1 穗新鲜玉米，去除丝线和外皮，将玉米切成 1 英寸的块

1 个中号黄色南瓜，½ 英寸切片

1 个小红洋葱，薄楔形

1 个小青椒，1 英寸长条

1 个小红甜椒，1 英寸长条

1 个小黄甜椒，1 英寸长条

1 杯蘑菇，减半

2 汤匙植物油

蔬菜调味料

拿一个大碗，把所有的蔬菜一起扔进去。撒上调味料，然后把所有的蔬菜都涂上。

将木屑和一碗水放入电熏器中。

在 100°F (37°C) 或十分钟内预热电熏器。

将蔬菜放入平底锅中，放入电子烟熏器的中间架子上。

熏三十分钟，直到蔬菜变软。

完成后，即可享用。

81. 肉桂烟熏橡子南瓜

6 人份

3 个橡子南瓜，去籽并切半

3 汤匙橄榄油

$\frac{1}{4}$ 杯黄油，无盐

1 汤匙肉桂粉，磨碎

1 汤匙辣椒粉

1 汤匙肉豆蔻，磨碎

1 杯红糖

用橄榄油刷南瓜的切面，然后盖上铝箔戳孔，让烟雾和蒸汽通过。

预热到 225°F (107°C)。

将南瓜切半放在烤架上，切面朝下，熏约 1.5-2 小时。从烤架上取下。

准备五香黄油时让它静置。在平底锅中融化黄油，然后加入香料和糖搅拌混合。

从南瓜的两半上取下箔纸。

将 1 汤匙黄油混合物放在每一半上。

82. 蘑菇熏黄南瓜

6 人份

1 穗玉米，新鲜，去壳和丝线

1 个黄色南瓜，切片

1 个红洋葱，切成楔形

1 个青椒，切条

1 个红辣椒，切成条状

1 个黄椒，切成条状

1 杯蘑菇，减半

2 汤匙油

2 汤匙鸡肉调味料

将山核桃木颗粒浸泡在水中一小时。将颗粒从水中取出，然后用湿颗粒填充电烟熏盒。

将电烟熏盒放在烤架下方，然后盖上盖子。用高温加热烤架 10 分钟或直到木屑开始冒烟。

同时，将蔬菜放入油和调味料中搅拌，然后将它们放入烤架中。

烧烤 10 分钟，同时偶尔转动。服务和享受。

83.奶油烟熏番茄汤

产量：8 份

成分

- 4 磅新鲜牛排西红柿；驻扎
- 3 汤匙橄榄油
- 2 杯切碎的黄洋葱
- 1 杯切碎的芹菜
- 1 杯切碎的胡萝卜
- 1 盐；去尝尝
- 1 个现磨黑胡椒粉；去尝尝
- 1 撮 辣椒
- 2 汤匙蒜末
- ½ 加仑鸡汤
- ¼ 杯切碎的欧芹
- ½ 杯浓奶油

1. 在搅拌碗中，将西红柿与 1 汤匙橄榄油、盐和胡椒一起搅拌。将西红柿放在电熏器的架子上，放入电熏器。将西红柿熏 30 分钟。
2. 在汤锅中，加热剩余的橄榄油。当油热时，炒洋葱、芹菜和胡萝卜。用盐、胡椒和卡宴给蔬菜调味。将蔬菜炒 4 至 5 分钟。加入大蒜、熏西红柿和西红柿汁。煮 3 到 4 分钟，经常搅拌。加入鸡汤煮沸。

3. 加入浓奶油即可食用。

4.

84. 奶油卷心菜汤

产量：12 份

成分

- 1 头皱叶甘蓝或绿甘蓝
- 1 个西班牙洋葱
- 3 盎司熏鳟鱼或熏鲑鱼
- $1\frac{1}{2}$ 夸脱鸡汤
- 1 汤匙新鲜百里香
- 3 杯浓奶油
- 盐
- 胡椒

1. 将卷心菜切成 1 英寸的方块。将培根切成细丁。
2. 把鱼切成丝。加热鸡汤。
3. 在一个又大又重的汤锅里煮培根，直到几乎变脆，大约 4 分钟。
4. 加入洋葱，用中火煮至嫩，约 5 分钟。加入卷心菜和干百里香（如果使用），煮至卷心菜变软，约 5 分钟。
5. 加入热鸡汤，煮沸。将火调至小火，煮约 20 分钟。加入浓奶油，将汤煮沸。加入新鲜百里香（如果使用），并用盐和胡椒调味。

85. 鸡汤

-

- 4 磅鸡骨头
- 2 根胡萝卜，切碎
- 2 根芹菜茎，粗切
- 1 黄洋葱

1. 将鸡骨头、胡萝卜、芹菜和洋葱放入大汤锅中，盖上 3 英寸深的水。盖上锅盖，用大火煮沸。泡沫会上升到锅的表面；用金属勺子将其撇去并丢弃。
2. 把火调小，直到汤汁偶尔冒出小气泡。
3. 盖上锅盖，让原料至少煮 2 小时，或最多 12 小时，偶尔搅拌。
4. 通过漏勺或细网筛过滤原料，向下压固体以帮助它们释放所有金色液体。丢弃固体。
5. 您的库存现在可以使用或储存了。
6.

86. Bacalao 和橄榄炖肉

-

- 8 盎司巴卡拉
- $\frac{1}{2}$ 杯特级初榨橄榄油
- 2 根大的新鲜迷迭香小枝
- 10 颗卡拉马塔橄榄
- 8 个晒干的番茄半
- 2 个大蒜瓣
- 现磨黑胡椒
- 1 个硬皮法式长棍面包，供食用

1. 要重构 bacalao，请将其浸泡在足够凉爽的自来水中以完全覆盖它 24 小时，每 8 小时换水一次。将鱼沥干并拍干。

2. 将烤箱预热至 325°F (160°C)。

3. 将橄榄油倒入一个 8 英寸见方的平底锅中。加入鱼，带皮的一面朝下。将迷迭香放在上面并有充分的理由：

鱼。在上面撒上橄榄和干西红柿。烤鱼约 40 分钟，或直到配料开始变成褐色。

4. 煮鱼的同时，将大蒜切成薄片。将鱼从烤箱中取出后，趁油还在冒泡时，立即将大蒜撒入油中。

5. 让菜静置 10 分钟，然后搅拌，让所有东西都沾上油，混合各种口味。用黑胡椒调味。用可口的油舀出小盘炖菜，与法式长棍面包一起食用。

87. 鸭肉和苹果沙拉

-

- ½ 茶匙犹太洁食盐
- 1 小葱，切得越薄越好
- 3 汤匙特级初榨橄榄油
- 3 汤匙柠檬汁
- ½ 茶匙现磨黑胡椒粉
- 2 块鸭腿四分之一（腿和大腿）
- 2 头菊苣
- 1 个中型酸苹果

1. 将盐和葱放入一个大色拉碗中。用坚固的勺子背面将盐捣碎成小葱。加入一茶匙左右的橄榄油搅拌，然后逐渐加入其余的，搅拌直至完全融合。加入柠檬汁和胡椒粉搅拌。准备沙拉的其余部分时，请将调料放在一边。2. 把鸭子的脂肪去掉，把外面的脂肪刮掉几乎所有。将鸭子正面朝下放入大平底锅中，中火加热 5 至 7 分钟。然后把鸭子放在锅里，四面都煮，直到所有的皮都变脆，总共大约 12 分钟。

3. 煮鸭子的时候，将菊苣切成一口大小的块。把皮留在苹果上，但去掉它的核。将苹果切成薄薄的半月形。将菊苣和苹果与香醋一起倒入碗中，然后用勺子将沙拉盛到盘子里。在沙拉上放上热鸭肉即可上桌。

88. 熏鱼沙拉

- 1 杯酸奶油
- $\frac{1}{4}$ 杯切碎的红洋葱
- $\frac{1}{4}$ 杯切碎的芹菜
- 1 茶匙切碎的柠檬皮屑
- 12 盎司熏鱼，切成薄片
- 粗盐和现磨胡椒粉

1. 在一个中型碗中将酸奶油、芥末、洋葱、芹菜、莳萝、2 茶匙芥末和柠檬皮充分混合。
2. 把鱼折叠起来。将其完全涂上酸奶油混合物 $\frac{1}{4}$ 杯切碎的新鲜莳萝
3. 尝尝沙拉的味道，必要时加入盐和胡椒，然后享用。

89. 玉米面包沙拉

产量：4 份

成分

- 3 杯 1/2 英寸陈旧玉米面包丁
- ½ 杯红甜椒丁
- ½ 杯黄色甜椒丁
- ¼ 杯切碎的红洋葱
- ¼ 杯切碎的洋葱
- 2 瓣大蒜
- ¼ 杯米酒醋
- ⅓ 杯橄榄油
- 1 茶匙 Pureed chipotle Pepper
- 1 汤匙蜂蜜
- ¼ 杯粗碎香菜
- 盐和现磨
- 胡椒

1. 将烤箱预热至华氏 350 度。将玉米面包均匀地铺在烤盘上，烘烤 20 分钟，或直至酥脆。把玉米面包放在一个大碗里，加入辣椒、洋葱和大蒜。

2. 将香醋配料混合在一起，加入玉米面包混合物中并搅拌均匀。

3. 食用前在室温下静置 15 分钟。

90. 烤甜菜和烟熏鳟鱼沙拉

产量：2 份

成分

- 2 个大红甜菜
- 3 杯米醋
- 4 杯水
- 2 汤匙芥菜籽
- 1 汤匙茴香籽
- ¼ 杯糖
- 1 汤匙孜然种子
- 4 盎司葡萄籽油
- 1 束新鲜细香葱
- 盐的味道
- 1 盎司柠檬汁
- 12 盎司整条烟熏虹鳟鱼
- 4 小束婴儿生菜
- 1 个柠檬皮

1. 将甜菜去皮并切成 ¼ 英寸厚的圆片。在一个不反应的锅中混合醋、种子和糖。煮沸并减半。加水并重新煮沸。加入甜菜并煮熟，但仍然坚硬。

2. 制作柠檬醋：将 2 盎司从甜菜中过滤出来的烹饪液与柠檬汁混合。如有必要，去除鳟鱼的骨头。取出脊骨可以很容易地去除骨头，大部分的针骨都会随之而来。剥去鱼片上的皮。将鱼轻轻切成约蟹肉块大小的小块。

3. 制作细香葱油：在搅拌机中将细香葱与葡萄籽油混合。搅成糊状；用盐调味。

91. 岩龙虾和熏鳟鱼

产量：1 份

成分

- 1 熟岩龙虾
- 400 克烟熏海鳟
- 1 个欧式黄瓜
- 1 个绿色西葫芦
- 1 黄西葫芦
- 1 根胡萝卜
- 100 克 Tatsoi 叶
- 2 个酸橙；榨汁的
- 1 汤匙棕榈糖
- ½ 杯橄榄油
- 盐和胡椒

1. 将岩龙虾尾部的肉取出，切细备用

2. 将烟熏海鳟切成细条，同时将黄瓜切成两半，纵向切成两半，挖出并丢弃种子。在曼陀林或"V 型切片机"* 上切片，制成类似宽面条的条状。将胡萝卜去皮并按照与黄瓜相同的方式切片。

3. 保持西葫芦完整，也将它们切成长条状。

4. 将龙虾、海鳟、蔬菜和 tatsoi 叶混合在一起。

5. 对于敷料，加热酸橙汁并溶解棕榈糖。倒入碗中，加入橄榄油搅拌，直到混合物变稠并且油被酸橙汁乳化。用盐和胡椒调味，然后将其与沙拉配料混合。

6. 将沙拉摆在诱人的盘子里上桌。

92. 烟熏茄子沙拉

产量：4 份

成分

- 1 个大茄子
- 2 汤匙新鲜柠檬汁
- 2 个墨西哥辣椒
- 1 青椒
- 1 个红洋葱；四分之一，与
- 茎端完好无损
- 4 瓣大蒜；剁碎
- 盐; 去尝尝
- 2 汤匙橄榄油
- $\frac{1}{4}$ 杯碎核桃
- ⅓ 杯厚；（沥干的）酸奶
- 3 汤匙红酒醋

1. 将茄子直接放在烤架或燃气火焰上烤，经常转动，直到表皮烧焦且茄子变软。将茄子转移到砧板上短暂冷却。用湿手，剥去所有的黑皮，然后小心地打开茄子，去掉种子。将茄子放入碗中，用水覆盖并加入柠檬汁搅拌。静置 30 分钟。

2. 同时，将辣椒放在烤架或火焰上烤，转动使皮肤均匀烧焦。将烧焦的辣椒转移到一个塑料袋中，将顶部系好，然后蒸至摸起来凉爽，大约需要 15 分钟。

3. 用手剥去烧焦的皮。切掉茎、种子和叶脉，然后切碎。在烤架或火焰上烤洋葱直到烧焦。放凉，剥去烧焦的皮，切掉茎，切碎。将茄子从水中取出并挤干。将茄子、辣椒、洋葱、大蒜和盐在研钵中捣成糊状。加入橄榄油、核桃、酸奶和醋。

93. 烟熏冰淇淋巧克力布丁

8人份

- 1条面包（1磅/454克）奶油蛋卷，切成 1英寸的立方体（约8杯）
- 3杯重（搅打）奶油
- 2杯全脂牛奶
- 1.5杯糖
- 盐少许
- 1个香草豆
- 8盎司（227克）苦乐参半的巧克力，粗碎
- 4个大鸡蛋

- 2个大蛋黄
- 1茶匙纯香草精（如果不使用香草豆，则为 1.5茶匙）
- 黄油，用于给煎锅涂黄油
- 烟熏冰淇淋，服务（可选）

a) 按照制造商的说明安装您的电子烟熏器并预热至 225°F (107°C)至 250°F (121°C)。添加制造商指定的木材。

b) 将奶油蛋卷方块单层放在铝箔盘中，然后放入电熏器中。

c) 吸烟，偶尔搅拌，使立方体均匀地吸烟，直到变硬并烘烤 30 至 45 分钟。

d) 与此同时，制作蛋羹：将奶油、牛奶、糖和盐放入一个厚底锅中。将香草豆（如果使用）纵向切成两半，然后将微小的黑色种子刮入奶油中。

e) 然后，加入香草豆瓣。用中火煮沸，搅拌直至糖溶解。把锅从火上移开。

f) 取出两半香草豆；您可以冲洗、干燥和重复使用它们。加入一半巧克力搅拌至融化。（如果巧克力需要帮助融化，请将平底锅放回小火。）

g) 将鸡蛋、蛋黄和香草精（如果使用）放入一个大的耐热碗中，搅拌至光滑。逐渐加入热奶油混合物。

h) 一点一点地加入，以免鸡蛋凝结。加入烟熏面包块并折叠，直到面包吸收了大部分蛋羹。

i) 在布丁混合物中涂抹煎锅和勺子。撒上剩余的切碎巧克力，用叉子将碎片推入面包布丁中。

j) 将电子吸烟器的温度增加到 325°F (163°C)。一些电子吸烟者不会吸那么高；如果不是，将热量增加到 275°F (135°C)。

k) 将面包布丁熏至顶部膨胀并变成褐色，然后蛋羹凝固，在较高温度下烘烤 40 至 60 分钟，在较低温度下烘烤 1 至 1.5 小时。（将一根金属串插入布丁的中心——蛋羹凝固后应该是干净的。）

l) 将面包布丁趁热上桌（如果需要，可搭配烟熏冰淇淋）。

94. 烟熏桃子配香草冰淇淋

4 人份

4 个新鲜成熟的乔治亚桃子

8 汤匙（1 根）无盐黄油

1 杯（包装）深红糖

1 盎司（28 克）（2 汤匙）黑朗姆酒

10 盎司（283 克）（$1\frac{1}{4}$ 杯）杏蜜饯

香草冰淇淋（可选）

a) 将电吸烟器加热到 325°F (163°C)。

b) 将桃子去核，然后将每个桃子切成四等分。将四分之一放在串上。把烤串放在一个大铝盘上。

c) 在一个小平底锅中，用中低温加热，混合黄油、红糖、朗姆酒和蜜饯。搅拌彻底结合。

d) 在桃子上涂上蜜饯混合物，将平底锅放入电熏器中，每面煎 4 分钟或直到桃子变软。如果你愿意，可以在香草冰淇淋上放上桃子。

95. 烟熏三文鱼芝士蛋糕

产量：1份

成分

- 12 盎司奶油芝士，软化
- ½ 磅熏鲑鱼或熏鲑鱼
- 3 个鸡蛋
- ½ 红葱头，切碎
- 2 汤匙浓奶油
- 1½ 茶匙柠檬汁
- 捏盐
- 捏白胡椒
- 2 汤匙砂糖
- ½ 杯原味酸奶
- ¼ 杯酸奶油
- 1 汤匙柠檬汁
- ¼ 杯切碎的细香葱
- 切丁的红辣椒和黄辣椒

1. 在搅拌碗中，将奶酪搅打至非常柔软。在食品加工机中，将三文鱼打成糊状；一次加一个鸡蛋和小葱。
2. 将鲑鱼混合物放入碗中；混合奶油、柠檬汁、盐、胡椒粉和糖；混合好。折叠成鲜奶油奶酪。

3. 倒入涂有黄油的 7 或 8 英寸弹簧盘中。将装满的烤盘放入较大的烤盘中；用 1 英寸的热水包围较小的平底锅。烘烤 25 至 30 分钟。

4. 同时，做酱汁。

5.

96. 玉米烟熏火鸡布丁

产量：4 份

成分

- 2 汤匙黄油
- $\frac{1}{2}$ 杯切碎的洋葱
- 1 杯切成薄片的红甜椒
- 1 汤匙溶解在鸡汤中的玉米淀粉
- 1 杯淡奶油
- 4 个鸡蛋，分开
- 1 茶匙第戎芥末
- 2 杯解冻的冷冻玉米粒
- 1 杯烟熏火鸡丝
- 盐和现磨黑胡椒

1. 在 9 英寸的平底锅中加热黄油。将洋葱和辣椒煮至变软，洋葱略呈棕色。
2. 冷却后将它们转移到搅拌碗中，加入玉米淀粉、奶油、蛋黄和芥末。搅拌均匀。
3. 将玉米和火鸡拌入鸡蛋混合物中。用盐和胡椒调味。将蛋清打至硬性发泡但不干，然后将它们拌入蛋黄混合物中。转移到涂有黄油的烤盘中，烘烤 35 至 40 分钟，或直至变成棕色和蓬松状。
4. 与切好的成熟西红柿和香醋配菜一起食用。

97. 蔓越莓饼干

产量：10 份

成分

- 2 杯面包粉
- 1 茶匙泡打粉
- ¼ 茶匙盐
- 2 汤匙蔬菜起酥油
- 3 汤匙糖
- 1 包干酵母
- ⅔ 杯热脱脂酪乳
- 2 汤匙温水
- ½ 杯蔓越莓干
- 蔬菜烹饪喷雾
- 1 磅切成薄片的熟火鸡胸肉
- 辣芥末

1. 在食品加工机中混合前 3 种成分，脉冲 2 次或直至混合。添加起酥油，加工 10 秒或直至混合。
2. 将糖和酵母溶解在小碗中的温酪乳和水中；静置 5 分钟。在处理器开启的情况下，通过食物滑槽缓慢添加酵母混合物。
3. 把面团翻出来放在撒了少许面粉的表面上，然后揉入蔓越莓。将面团擀成 ½ 英寸厚；用 2 英寸的饼干刀切成 20 块饼干。
4. 放在涂有烹饪喷雾的烤盘上。在 425 度下烘烤 8 分钟或直至呈金黄色。

98. 奶油烟熏三文鱼和莳萝馅饼

产量：6 份

成分

- 5 张 phyllo - 解冻
- 3 汤匙无盐黄油-融化
- 4 个大蛋黄
- 1 汤匙第戎芥末 - 加 1 茶匙
- 3 个大鸡蛋
- 1 杯 对半
- 1 杯鲜奶油
- 6 盎司 熏鲑鱼 - 切碎
- 4 个大葱 - 切碎
- ¼ 杯莳萝

1. 在直径 9-½ 英寸的深盘馅饼盘上涂上大量黄油。将 1 个叶状薄片放在工作台面上。用黄油刷千层纸，纵向对折。
2. 用黄油刷折叠表面。横向切成两半。将 1 个千叶矩形，黄油面朝下，放入准备好的馅饼盘中。用黄油刷在馅饼盘中的菲洛顶部将第二个 phyllo 矩形放在馅饼盘中，覆盖底部并让糕点超出另一部分边缘 ½ 英寸；刷上黄油。
3. 将烤箱预热至 350F。在中型碗中搅拌蛋黄和芥末以混合。加入鸡蛋，各半，奶油，鲑鱼，洋葱和切碎的莳萝。用盐和胡椒调味倒入准备好的地壳中。
4. 烘烤直到中心凝固，大约 50 分钟。转移到架子上。凉爽的。
5. 用莳萝枝装饰，稍微加热或在室温下食用

99. 烟熏三文鱼黄瓜圆

产量：40 道开胃菜

成分

- 8 盎司奶油芝士，室温。
- 2 盎司 熏鲑鱼
- 滴柠檬汁（几滴）
- 3 汤匙浓奶油
- 白胡椒适量
- 2 无籽英国黄瓜
- 装饰西洋菜叶（可选）

1. 将慕斯成分混合在食品加工机的碗中并搅拌直至混合物变得光滑冷却至少 30 分钟。将每个黄瓜横向切成大约 20 片，每片略小于 $\frac{1}{4}$" 厚。
2. 黄瓜也可以去皮、用叉齿划条纹或用饼干刀切成装饰性的形状。
3. 在上菜前不超过一个小时准备开胃小菜，用木勺软化慕斯，然后将其放入带叶尖的糕点袋中。
4. 在每个黄瓜片上挤上慕斯，并用小西洋菜叶装饰。

100. 烟熏三文鱼马铃薯

产量：1份

成分

- 2磅土豆，去皮
- 1个鸡蛋
- 2汤匙面粉
- ½ 茶匙 盐
- 胡椒粉 适量
- 2 盎司熏鲑鱼，切碎
- 1 杯葱，切碎
- 3 汤匙植物油
- 熏鲑鱼饼

1. 将土豆磨碎，用手尽可能多地挤出汁液。
2. 把土豆放在一个大的搅拌碗里，加入面粉盐和胡椒粉；搅拌均匀。
3. 加入烟熏三文鱼和大葱，搅拌混合 4. 将 1 汤匙油倒入一个大的浅边烤盘中；将油涂在底部。
4. 将大汤匙马铃薯混合物以 ½ 英寸的距离放入抹了油的盘子中，稍微压平。
5. 在烤箱中烘烤约 8 分钟或直到马铃薯饼呈金黄色。

结论

吸烟不再只是为了储存。现在在超市里经常可以看到烟熏火鸡和奶酪，因为人们喜欢这种口味。烟熏胸肉、排骨和鸡肉现在很有名，但美味不仅限于肉类。烟熏蔬菜、坚果，甚至水果正在成为传统美食。

CPSIA information can be obtained
at www.ICGtesting.com
Printed in the USA
LVHW081921220323
742311LV00009B/631